Koliadès (Constantin
Professeur dans l'univer-
sité Ionienne
Ulysse - Homère, ou
du Véritable auteur de
l'Iliade et de l'Odyssée
Paris Debure frères
1829, grand in fol. fig
   attribué à M. le Chevalier auteur du Voyage dans
la Troade en 3 Vol. in 8°.
dans le Jal des débats du
1er 8bre 1829. ———

VOYAGE

DE

LA TROADE.

VOYAGE

DE

LA TROADE,

Fait dans les années 1785 et 1786;

Par J. B. LECHEVALIER,

Membre de la Société des sciences et arts de Paris;
du Lycée de Caen, des Académies d'Edimbourg,
de Gottingue, de Cassel et de Madrid.

TROISIÈME ÉDITION,

Revue, corrigée et considérablement augmentée.

Ilion, ton nom seul a des charmes pour moi.
Lieu fécond en sujets propres à notre emploi,
Ne verrai-je jamais rien de toi, ni la place
De ces murs élevés et détruits par les dieux;
Ni ces champs où couraient la fureur et l'audace,
Ni des tems fabuleux enfin la moindre trace
Qui pût me présenter l'image de ces lieux?
LAFONTAINE.

TOME PREMIER.

PARIS,

DENTU, Imprim.-Libraire, Palais du Tribunat,
galeries de bois, n.º 240.

AN X. — 1802.

AVERTISSEMENT.

Depuis la renaissance des lettres, un grand nombre de voyageurs ont parcouru la Grèce, les uns pour y chercher les monumens de l'antiquité, les autres pour perfectionner la géographie et l'histoire naturelle. Tous ont porté leurs regards sur les mœurs des Grecs modernes; tous se sont montrés plus ou moins sensibles au contraste frappant qu'ils ont observé entre les beaux siècles de ce peuple immortel, et le triste tableau qu'il présente aujourd'hui.

Je n'ai point prétendu m'écarter de la route qui m'avait été tracée par tant d'hommes célèbres ; j'ai étudié, comme eux, les mœurs et les monumens de la Grèce. Mais mon principal but a toujours été de vérifier et d'éclaircir la géographie d'Homère.

Un voyageur anglais (1) profondément versé dans la littérature et les arts, a ouvert le premier cette carrière immense. Après nous avoir montré Homère comme

____

(1) *Voyez l'ouvrage de M. Robert Wood, intitulé :* An Essay on the original genius and writings of Homer. with a comparative view of the ancient and present state of the Troad. Illustrated with a map of Troy. *by the late Robert Wood. Esq. author of the descriptions of Palmyra and Balbec.*

le modèle des historiens, des mythologues et des géographes; après
avoir par-tout constaté lui-même
l'exactitude de ce poëte, il finit par
le trouver en défaut dans la description de la plaine de Troye.

C'est cette accusation intentée
contre le chantre de l'Iliade, qui a
provoqué et dirigé mes recherches. Quoi ! me disais-je ; on retrouve encore les plaines de Myca-
lesse, les rochers d'Aulis, le sol mon-
tueux d'Etéone ! Thisbé est encore
le séjour chéri des colombes , les
vallons d'Epidaure sont fertiles en
vignobles ; le pays des Hénétes
produit des mulets sauvages , celui d'Alybé voit croître l'argent
dans son sein ; les troupeaux se

plaisent dans les gras pâturages d'Orchomêne ; les vents grondent sur la haute Enispé : et les sources du Scamandre auraient disparu ! et il ne resterait plus aucune trace des jardins d'Alcinoüs, des ports d'Ithaque, de la ville de Troye, ni de ces tombeaux fameux qui furent pendant tant de siècles, l'objet de la vénération des Grecs, et que les Romains eux-mêmes allaient visiter des rivages de l'Italie !

Ces lieux célèbres qui furent le théâtre même des faits les plus mémorables de l'Iliade et de l'Odyssée, et ces monumens qui devaient les attester aux générations futures, ne seraient-ils donc que

des fictions enfantées par le génie
d'Homère ?

Ce législateur accompli des
beaux arts et du bon gout aurait-
il soigné les accessoires de ses tableaux, de préférence à leur principal sujet ?

Non, Homère est par-tout un
peintre fidèle ; on verra dans le
cours de cet ouvrage, que ses descriptions sont également vraies,
soit qu'elles nous retracent les jardins d'Alcinoüs ou ceux de Priam,
la fontaine Aréthuse ou les sources du Scamandre, le cap Sunium ou le cap Sigée, la citadelle
d'Athènes ou le Pergama, le théâtre de l'Iliade ou celui de l'O-
dyssée.

Dans les éditions précédentes ,
je passais rapidement de Venise à
la côte d'Asie, et je me bornais au
simple tableau de la plaine de
Troye. Celle-ci contiendra des
observations sur les contrées que
j'ai parcourues pour m'y rendre.

Je décris, dans le premier volume, les principales îles du golfe
Adriatique , la ville et les environs d'Athènes , et quelques îles
de la mer Egée.

On trouvera dans le second , la
description de la plaine de Troye,
augmentée des découvertes de
plusieurs voyageurs qui ont visité
après moi ce pays classique.

Le troisième contiendra la
traduction d'un ouvrage sur la

Troade , publié en Angleterre par M. Morritt.

En réunissant l'ouvrage de ce savant voyageur au mien, j'ai fortifié mes propres découvertes d'un témoignage respectable.

TABLE

DES CHAPITRES

Contenus dans cet Ouvrage.

TOME I.

PREMIÈRE PARTIE.

SECONDE PARTIE.

TOME II.

TROISIÈME PARTIE.

QUATRIÈME PARTIE.

TOME III.

CINQUIÈME PARTIE.

CHAPITRE PREMIER. *Justification d'Homère, des poëtes et des historiens de l'antiquité, qui nous ont*

Fin de la Table.

VOYAGE

DE

LA TROADE.

PREMIÈRE PARTIE.

*Voyage de Venise au cap Lectos,
sur la côte d'Asie.*

CHAPITRE PREMIER.

Voyage de Venise à Corfou.

Après avoir terminé le voyage
d'Italie, j'attendais à Venise une occasion favorable pour entreprendre celui
de la Grèce. Le chevalier Zuliani,
nommé baile de la République auprès

de la Porte Ottomane, allait incessamment partir pour sa destination. Cet
ambassadeur, qui réunissait l'amour
des sciences et des arts aux talens
d'un négociateur habile, voulut bien
m'accorder une place sur le vaisseau
de 74 canons qui devait le porter à
Ténédos. J'y trouvai pour compagnon
de voyage l'un des plus ingénieux
naturalistes de ce siècle, le célèbre
docteur Spallanzani, que l'empereur
Joseph II envoyait dans le Levant pour
enrichir de découvertes nouvelles, la
science de la nature.

Nous partîmes de la rade de Mala-
moco le 21 août 1785, un peu avant
le coucher du soleil; et dès le lendemain, au point du jour, nous aperçûmes les rivages de l'Istrie.

Les Vénitiens étaient alors en guerre
avec Tunis. Ils n'avaient pas encore
fourni la totalité des sommes que cette
régence barbaresque exigeait d'eux
pour les laisser en paix. Dans de

pareilles circonstances, qui se renou-
velaient souvent, on avait coutume
de faire convoyer le vaisseau qui portait l'ambassadeur de la République à
Ténédos, de peur qu'il ne tombât dans
les mains de l'ennemi.

Une tartane expédiée de Rovigno,
mit sa chaloupe à la mer, pour nous
apprendre que le vaisseau destiné à
nous convoyer, en était parti, et était
allé nous attendre à Corfou.

Nous fûmes forcés par les vents
contraires, de louvoyer pendant deux
jours à la vue des côtes de l'Istrie.
Spallanzani nous faisait oublier la
monotonie du voyage, par des expé-
riences curieuses et par les charmes
d'une conversation toujours amusante
et instructive. Tantôt il déployait des
machines de physique, et nous répétait
ses propres découvertes dans cette
science ; tantôt il jetait à la mer des
filets d'une construction ingénieuse,
et en rapportait une quantité d'ani-

maux inconnus qui habitent le fond du golfe Adriatique.

Les journaux scientifiques d'Italie ont parlé de cette trombe effrayante qu'il observa sur les côtes de l'Istrie.

Qu'on se figure un large tube en forme de cône, dont la base est dans la nue, et dont le sommet atteint la surface de la mer, y soulève une masse énorme d'écume, et y cause un bouillonnement affreux. On dirait qu'au milieu des vents en fureur, un rapide tourbillon d'air enfonçant avec violence la masse d'un nuage épais, s'enveloppe de ses vapeurs pour l'entraîner avec lui sur la surface des eaux.

Pendant que les officiers et les matelots racontaient les naufrages causés par ce redoutable fléau, Spallanzani nous en expliquait la formation et les effets.

C'est ainsi que ce savant naturaliste charmait les ennuis de la navigation, en nous dévoilant les secrets de la nature.

Nous commencions alors à distinguer les villes de Parenzo (1), d'Orzera (2), de Porto-Quieto (3), et cette haute montagne appelée *Caldiera*, que les navigateurs ont soin de reconnaître pour entrer dans la rade de Rovigno.

La province d'Istrie a la forme d'un triangle ; elle est terminée au nord et à l'est, par une chaîne de montagnes appelée *Monti della vena* ; vers le midi, elle aboutit au cap Palmentore (4) près de la baie de Quarnero ; à l'ouest, elle est baignée par le golfe Adriatique. Sa position géographique est entre le 44ᵉ et le 45ᵉ degré de latitude ; elle est fertile en bled, en vin, en huile et en soie. C'est de là que Venise tire toutes ses

____

(1) *Parentium.*
(2) *Ursaria.*
(3) *Quetus.*
(4) *Polaticum Promontorium.*

provisions , et jusqu'à la pierre dont ses magnifiques palais sont construits.

Lorsque j'abordai sur ces rivages , j'étais loin de prévoir que le gouvernement de Venise allait être renversé, et que la puissance de cette ancienne République allait passer dans les mains d'un monarque à qui depuis longtems elle faisait ombrage. En obtenant pour compensation de la Belgique les Etats vénitiens , l'empereur a acquis un territoire vaste et fertile, de nombreux ports, des mines de fer, des forêts abondantes en bois de construction ; il a concentré sa domination, et a réuni sous ses lois la nation la plus active et la plus belliqueuse du midi de l'Europe.

La marine vénitienne était organisée d'après les principes fondamentaux d'une République aristocratique ; tous les vaisseaux de guerre étaient commandés par un noble , *nobile di nave ,* qui avait pour l'ordinaire assez peu de connaissance dans l'art de naviguer, mais qui n'en avait pas moins l'autorité suprême sur son vaisseau. Le capitaine, *il capitano*, qui était toujours un marin expérimenté, ne pouvait faire aucune manœuvre importante, sans aller d'une manière très-respectueuse prendre l'ordre de son chef, et lui communiquer ce qu'il était convenable de faire suivant les circonstances. Les vents étant toujours contraires, notre capitaine obtint de l'ambassadeur la permission de mouiller dans la rade de Rovigno. Cette rade est à l'abri de tous les vents, excepté de ceux d'ouest et de sud-ouest. On y remarque deux petites îles, dont l'une est appelée l'*Ecueil des Moines* (Scoglio dei Frati) , et l'autre l'*Ecueil des Pilotes* (Scoglio dei Piloti).

La petite ville de Rovigno est située au fond de la rade, sur une éminence couverte d'oliviers et de vignobles : ses habitans sont intrépides à la mer et au combat ; les femmes y sont armées de poignards comme les hommes, et en font usage dans leurs querelles, avec autant de fureur et de dextérité qu'eux.

Nous n'étions qu'à 25 milles de Pola. Comme il n'y avait aucune apparence de changement dans les vents, l'ambassadeur curieux de voir les antiquités de cette République autrefois fameuse, nous proposa de l'y accompagner. On mit la chaloupe à la mer, et nous nous embarquâmes avec lui.

Après avoir observé sur la côte les villes de Dignano et de Fasana, nous entrâmes dans le vaste bassin au fond duquel se trouve la ville de Pola.

Cette ville, l'une des plus anciennes de l'Istrie, fut fondée, suivant Callimaque, par une colonie des peuples de la Colchide, envoyés à la recherche des Argonautes, et suivant d'autres, par les Etrusques et les Pelasges.

Un amphithéâtre antique, bâti en

marbre, est le premier objet qui frappe la vue lorsqu'on entre dans le port de Pola. Son aspect est majestueux, sa masse élégante et arrondie domine tout ce qui l'entoure ; quand elle est éclairée par les rayons du soleil, elle se réfléchit avec éclat sur la surface des eaux. Les humbles chaumières et le païsage agréable dont elle est environnée, forment avec elle le tableau le plus harmonieux et le plus imposant.

Il ne reste plus de ce magnifique édifice que l'enceinte extérieure, qui est parfaitement conservée. Quatre avant-corps d'une légère saillie rompent l'uniformité de ce cercle immense.

La plupart des voyageurs prétendent que les gradins de l'amphithéâtre de Pola étaient construits en bois, et se plaçaient, dans les temps de fête, entre deux enceintes de pierre qui les renfermaient.

Il est certain que les premiers amphithéâtres de Rome furent construits de cette manière ; et Tacite nous apprend que Pompée fut blâmé par le sénat, pour avoir osé le premier en élever un en pierre.

On conçoit assez pourquoi les Romains, au tems de la République, évitaient la dépense et la somptuosité dans la construction de leurs monumens. Mais il n'est pas aisé d'expliquer pourquoi les anciens maîtres de Pola auraient dû se condamner à la même économie, puisqu'ils avaient en abondance, sous la main, les matériaux nécessaires pour achever leur ouvrage. J'avoue d'ailleurs, qu'en voyant les monceaux de ruines dont l'arène est jonchée, et ces deux degrés en pierre très-bien conservés qu'on y aperçoit encore, je serais assez tenté de croire que l'amphithéâtre de Pola ne différait en rien de ceux qu'on voit à Rome, à Nîmes et à Vérone.

L'arc de triomphe qui sert aujourd'hui de porte à la ville, fut élevé en l'honneur de Caïus-Sergius. Il est orné de colonnes accouplées, singularité remarquable dans les monumens antiques, et qu'on ne trouve qu'au frontispice du temple du Soleil, à Palmyre. L'architecture et la sculpture en sont médiocres. Aux extrémités de la frise, on voit un char traîné par deux chevaux au galop, et aux deux côtés de l'archivolte, une renommée d'une exécution lourde et massive.

De l'arc de triomphe on nous conduisit aux deux temples élevés en l'honneur d'Auguste. L'un d'eux, très-ruiné et enclavé dans des masures, a échappé aux recherches de Whéler ; l'autre est presqu'entier, et doit être mis au rang des plus beaux monumens que le temps ait épargnés. Les colonnes du vestibule sont d'ordre corinthien et d'un marbre précieux. Leurs chapiteaux sont ornés de feuilles de chêne et d'olivier, entremêlées avec délicatesse et avec grâce.

L'histoire nous apprend que la couronne de chêne fut décernée à Auguste, pour avoir conservé les citoyens de la République, et qu'on lui offrit aussi celle d'olivier pour avoir donné la paix à l'univers. Sans doute l'architecte de Pola a eu dessein de rappeler ce double hommage, que le peuple romain devait au pacificateur du monde.

Nous sommes partis de Pola, trois heures avant le coucher du soleil ; nous avions 25 milles à faire pour regagner le vaisseau, beaucoup d'écueils à éviter, et les vents de terre à craindre. Heureusement ils étaient favorables au moment où nous nous sommes embarqués, et notre pilote connaissait très - bien ces parages. A minuit nous sommes arrivés à bord, et nous avons trouvé l'équipage dans la plus grande inquiétude sur notre sort.

Le lendemain, 29 août, nous partîmes de Rovigno. Pendant tout le jour, nous eûmes le vent frais et le ciel pur. A 30 milles de Pola, nous distinguions encore les ruines de l'amphithéâtre. Bientôt nous arrivâmes à la hauteur du golfe appelé *Quarnero*(1) (le charnier), à cause de la quantité de cadavres que les naufrages y ont engloutis. Ce nom me rappela les vers du Dante, au chant neuvième de son enfer :

> *Siccome à Pola presso del Quarnero*
> *Che Italia chiude e i suoi termini bagna,*
> *Fanno i sepolcri tutto il loco varo.*

La Croatie, province autrichienne, vient aboutir au golfe Quarnero. On y voit un très-beau port appelé *Porto-Ré*, où l'empereur Joseph II avait entrepris d'établir une marine : mais les vents impétueux qui règnent continuellement dans ce golfe, lui parurent un obstacle invincible, et le forcèrent de renoncer à son projet.

---

(1) *Flanaticus sinus.*

Après avoir laissé sur la gauche les îles de Cherso et d'Ossero , nous nous sommes trouvés entre l'Isola-Longa (1) et la montagne d'Ancône , dont nous apercevions le sommet.

A mesure que nous longions les côtes de Dalmatie, les Esclavons que nous avions à bord, heureux de revoir les rivages de leur patrie , nous en décrivaient les beautés , et nous vantaient la fidélité de leur nation pour la République de Venise.

La Dalmatie a cent douze lieues de long sur vingt-trois de large : elle est bornée au nord , par la Bosnie et la Morlaquie ; à l'est, par la Servie ; à l'ouest et au midi , par le golfe Adriatique. Spalatro en est la capitale ; cette ville fut la retraite de cet assemblage monstrueux de vertus et de vices de l'empereur Dioclétien , qui embellit Rome, Palmyre, Milan , Nicomédie

____

(1) Scardona.

et Carthage, qui trouvait plus de plaisir à cultiver les jardins de Salone qu'à gouverner la terre, et qui fut le plus ardent persécuteur du christianisme.

On fait un commerce considérable à Spalatro ; c'est le rendez-vous des caravanes turques, qui apportent du Levant les marchandises destinées pour Venise.

Les Dalmates sont très-belliqueux. Leur attachement pour la République était sans bornes. Il était dicté par la reconnaissance. Le gouvernement vénitien les traitait avec beaucoup de ménagement et de douceur. Il s'empressait de voler à leur secours quand ils étaient affligés de quelque fléau, tels que la disette, les inondations et les incendies. Leurs enfans recevaient de la République en naissant, une armure complète, et un salaire quotidien qui suffisait à leur subsistance et à leur éducation ; leur langue répandue depuis la Sibérie jusqu'aux frontières de la

Grèce, rappelle l'antique influence du Nord sur le Midi ; c'est un monument remarquable, sur lequel les nations méridionales de l'Europe peuvent lire en grands caractères leurs destinées futures.

Depuis l'Istrie jusqu'à l'extrémité de la Dalmatie, les côtes sont bordées d'îles qui semblent avoir fait autrefois partie du continent. Une de ces îles est plus avancée que les autres vers le milieu du golfe Adriatique ; c'est un rocher nommé *Pomo*, qui est l'effroi des navigateurs les plus expérimentés. Il s'élève en forme de pyramide à la hauteur de plus de cent pieds au-dessus des eaux de la mer. On assure que les pêcheurs qui sont surpris par la tempête aux environs de ce rocher, y accrochent leurs bateaux, les soulèvent au-dessus de l'eau, au moyen d'un cabestan, et y restent suspendus jusqu'au retour du calme.

Nous avions atteint au soleil couchant ces parages dangereux, et trompés par les courans, nous croyions en être encore fort éloignés. Il y a en effet deux courans dans le golfe Adriatique : l'un va de l'embouchure de ce golfe jusqu'à Venise, en suivant les côtes d'Albanie, de Dalmatie et d'Istrie ; l'autre, au contraire, se dirige depuis Venise vers la même embouchure, en suivant les côtes d'Italie.

Au-delà du Pomo, on trouve la Pelagosa, autre écueil fort dangereux qui s'élève, comme le premier, au milieu du golfe : nous le passâmes de nuit sans l'apercevoir.

Au lever du soleil, nous étions à la hauteur de Monte Sant'Angelo (1), promontoire de la Pouille, près duquel est située la ville de Manfredonia. Nous avions à gauche la ville de Raguse et les bouches de Cattaro.

A mesure que nous avancions le

____

(1) *Garnanum promontorium.*

long des côtes d'Albanie , on nous montrait la situation de Scutari (1) , capitale des Etats de Mahmout , et on nous racontait l'histoire de ce pacha célèbre.

Il suivit l'exemple de son père qui s'était révolté contre la Porte , et il fit plus d'une fois étrangler les courriers qui lui apportaient le fatal cordon. Il envoyait ensuite des sommes immenses aux ministres du grand-seigneur pour obtenir sa grace ; et en attendant il se réfugiait à Raguse, où des chebecs chargés de ses trésors, étaient prêts à le transporter en Italie.

Mahmout pouvait mettre quarante mille hommes sur pied. Tout son pachali était parfaitement cultivé , et abondait en laine, en huile, en grain

____

(1) Les Etats du pacha de Scutari se terminent à Dulcigno, où commencent ceux du pacha de Valone, nommé aussi pacha de Beyralte, du nom de la ville qu'il habite.

et en bois de construction. Il s'était
déclaré le protecteur des Italiens , des
Grecs et des autres Européens, de quelque religion qu'ils fussent , qui venaient s'établir dans sa capitale. Il
avait su mettre à profit l'industrie et
les talens de ces étrangers : par leurs
conseils et leurs moyens , il avait tellement gagné l'affection de son peuple,
augmenté son trésor et discipliné son
armée, qu'il ne tenait qu'à lui de se
déclarer indépendant au milieu de
ses montagnes, et de prendre son rang
sur la ligne des souverains de l'Europe.

L'empereur Joseph II avait conçu le
projet de mettre ce pacha dans ses
intérêts au commencement de la guerre
qu'il déclara en 1787 à la Porte Ottomane. Il lui envoya un agent (1),
accompagné d'une suite nombreuse.

____

(1) Cet agent se nommait *Brognard*. Il était
fils de l'ancien internonce impérial à Constantinople.

Le pacha reçut l'ambassade avec toutes sortes d'égards et toutes les apparences de la cordialité. Il combla même l'agent impérial de présens, en se séparant de lui : mais il donna l'ordre de lui trancher la tête, ainsi qu'à toute sa suite, au moment où il sortirait du lac de Scutari. Cet ordre barbare fut exécuté, et le perfide Mahmout envoya la tête de ces chrétiens à Constantinople, comme un gage de sa fidélité envers la Porte.

Dans un de leurs démêlés avec lui, les Monténégrins lui avaient envoyé, suivant ses desirs, douze députés pour traiter de leurs intérêts. L'entrevue eut lieu dans une plaine ; le pacha, suivant l'usage oriental, leur offrit le café et les sorbets : ces malheureux se reposant sur l'inviolabilité de leur caractère, se préparaient avec sécurité à lui soumettre leurs demandes, lorsqu'il tire un pistolet de sa ceinture, et étend leur chef mort à ses pieds.

Un caloyer, membre de la députation, indigné de cette perfidie, fond sur lui le poignard à la main, et le tue. Telle fut la fin du fameux Mahmout.

Le pacha de Janina, son voisin, ne s'est pas montré moins atroce que lui, comme on le verra dans la suite, envers les braves Français qui ont eu le malheur de tomber dans ses mains à Nicopolis.

Le 8 septembre, nous mouillâmes à l'entrée du golfe de Valone près de l'île de Sazeno, que Strabon appelle *Saso*. Etant à dix milles au nord-ouest de cette île, je fixai sa latitude par une hauteur méridienne du soleil, et je la trouvai de 40° 34'. Cette latitude diffère seulement de 30 secondes, de celle qui fut déterminée en 1690, par un ingénieur vénitien nommé *Albergheti*. Le golfe de Valone est à deux cents lieues de Venise, et environ à vingt-cinq lieues de l'île de Corfou. Il est entouré des monts Acrocérauniens, dont parle Horace dans son ode, au vaisseau qui portait Virgile à Athènes.

Qui siccis oculis monstra nutantia,
Qui vidit mare turgidum
Et infames scopulos Acroceraunia.

La ville de Valone située au fond de ce golfe, portait autrefois le nom d'Avlon. J'aurais fort désiré pouvoir aller à la recherche de la source de bitume qui doit se trouver dans ses environs, d'après le témoignage de Strabon et de Possidonius; mais l'entreprise était trop hasardeuse. Les Albanois sont accoutumés à piller les navigateurs qui abordent sur ces côtes, ou qui ont le malheur d'y faire naufrage. Je me bornai à parcourir l'île de Sazeno, où je trouvai en quantité prodigieuse la belle plante que les Grecs appelaient *skillé*, que les Italiens appellent *cepola caviera*, et les Français, *oignon marin*.

Cette plante est de la classe des li-
liacées ; elle a une tige élégante portée
sur un très-gros oignon écailleux, qui
est entièrement à découvert et ne tient
à la terre que par de faibles racines.
Théophraste dit qu'elle produit sa tige
et ses fleurs avant ses feuilles : il ajoute
et Pline répète, qu'elle fleurit trois fois
par an. Elle est aujourd'hui d'un usage
universel dans la médecine, et elle
entre comme ingrédient dans la thé-
riaque.

Dans la nuit du 11 au 12, nous
appareillâmes par un vent très-frais,
et à huit heures du matin, le jour
suivant, nous étions entre Porto-Pa-
normo, petite ville située sur la côte
d'Albanie, et les îles de Merlara, qu'on
voit à l'extrémité septentrionale de
l'île de Corfou ; nous approchâmes
assez de celle de Fano pour y distinguer des forêts de sapin et de riantes
prairies qui viennent se terminer au
bord de la mer.

Le célèbre Danville a cru que c'était-là l'île de Calypso. Pourquoi ne le croirais - je pas avec lui? Cette forêt que j'aperçois est peut-être celle où croissaient l'aune, le peuplier et le cyprès, qui embaument l'air ; ou bien ce bois antique séché par les feux du soleil et par le cours des âges, qu'Ulysse faisait retentir des coups redoublés de sa grande coignée à deux tranchans , lorsqu'il construisait le vaisseau qui devait le transporter dans sa patrie. Mon œil se perd dans ces vastes prairies émaillées de violettes et de fleurs aromatiques. Il me semble entendre la corneille marine, qui poussant jusqu'au ciel sa voix bruyante, se plaît à parcourir l'empire d'Amphytrite : telle est la beauté de ces lieux , qu'un dieu même ne pouvait y arrêter ses pas sans être saisi d'un charme ravissant.

Les vents devenant plus frais, nous

avons promptement dépassé le cap
Praou, qui termine l'île de Corfou du
côté du nord, et la petite chapelle
de Sainte-Catherine, près de laquelle
on voit une caverne dont on prétend
qu'il est impossible de trouver la profondeur. En face de cette chapelle, on
nous a fait observer sur la côte d'Albanie, la ville des *Quarante Saints*
(Santi Quaranta), peuplée de Grecs.
Bientôt nous sommes arrivés à la Ma-
dona de Cassopo, dont l'église occupe
aujourd'hui l'emplacement du temple
de Jupiter Cassius. Nous l'avons saluée
de trois coups de canon, et à l'instant
une des galères de la République est
sortie d'une anse voisine, s'est avancée
vers notre vaisseau, et nous a escortés
jusques dans le port de Corfou.

CHAPITRE II.

Séjour à Corfou.

L'ÎLE de Corfou, l'une des principales de la mer Ionienne, est située à l'embouchure du golfe Adriatique; un canal étroit la sépare de la côte d'Epire, et ouvre deux issues aux vaisseaux qui le traversent.

Homère lui donne le nom de *Skeria*, dont l'étymologie phénicienne exprime l'activité du commerce maritime. Elle prit dans la suite celui de Corcyre, fille d'Asope; enfin elle s'appelle aujourd'hui Corfou du mot grec *Koriphos*, qui indique l'aspérité de son sol.

Alcinoüs régnait à Skérie, lorsqu'Ulysse y fut jeté par la tempête;

Ce roi faisait jouir ses sujets d'une félicité parfaite.

Les Phéaciens l'emportaient sur tous les peuples dans l'art de vaincre les tempêtes et de guider les vaisseaux sur les mers. Leur île chérie des immortels était écartée du continent : elle était à l'abri des dangers inséparables du commerce fréquent des autres hommes ; ils ne maniaient point l'arc ; les voiles, les avirons et les vaisseaux étaient leur unique passion. Ils franchissaient la mer écumeuse ; les routes des villes et de toutes les contrées sauvages et habitables, leur étaient familières ; leurs vaisseaux, agiles comme l'aile des oiseaux, et rapides comme la pensée, étaient toujours couverts d'un nuage qui les rendait invisibles ; ils ne redoutaient ni la tempête, ni les naufrages ; ils pouvaient se passer de pilote, ils connaissaient les desseins des nautonniers, et embrassaient d'un vol aussi hardi qu'impétueux l'empire entier d'Amphytrite.

La classe inférieure du peuple ne faisait point un accueil favorable aux étrangers. Cette nation était fière de triompher des flots par la faveur de Neptune.

Mais autant le peuple se montrait indifférent pour l'étranger, autant les rois et les chefs lui témoignaient-ils de compassion et d'intérêt. Il était honteux et contraire à leurs lois, de le laisser gémir couché dans la cendre ; ils savaient que le Dieu qui lance la foudre, accompagne les pas vénérables du suppliant. Ils répandaient l'eau limpide sur ses mains ; ils remerciaient les dieux de l'avoir conduit dans leurs palais ; ils s'occupaient des prépara-tifs de son départ, et veillaient à le garantir de tout danger, jusqu'à ce qu'il eût posé le pied sur sa terre natale.

A la suite des temps héroïques ; Archias de Corynthe allant fonder

Syracuse, laissa Chersicrate s'établir dans l'île de Corfou, avec une partie de son armée.

Thémistocle, victime illustre de l'ingratitude des Athéniens, après avoir délivré sa patrie de l'ennemi, après l'avoir ornée de monumens magnifiques, après avoir plus fait encore, en y ramenant le bon ordre et les anciennes lois, Thémistocle, dis-je, exilé d'Athènes, se réfugia chez les Corcyréens, qui se trouvèrent heureux de lui offrir un asile.

Après avoir passé dans les mains d'Agathocle et de Pyrrhus, les Corcyréens, opprimés par l'Illyrie, se mirent sous la protection des Romains, qui donnaient alors des lois à la Grèce. Ils les servirent avec fidélité contre Philippe et Persée; ils embrassèrent le parti de Pompée; mais la défaite de ce guerrier les ayant laissés à la merci du vainqueur, ils imitèrent les Athéniens, qui venaient d'implorer la clémence de César.

Caligula, ce monstre accoutumé à se baigner dans le sang de ses sujets, parut oublier un instant la férocité de son caractère en faveur de Corcyre. Sous son règne, les habitans de cette île virent alléger leurs fers et rétablir leurs priviléges.

Claude leur accorda la liberté en considération des services qu'ils lui avaient rendus contre les Bretons. C'est sous le règne de cet empereur qu'ils embrassèrent le christianisme. Leur église, sous Dioclétien, fut la seule exempte de l'affreuse persécution où cet empereur déploya toute sa barbarie contre le christianisme. Ils passèrent successivement sous la domination du Bas - Empire, des rois de Naples, et enfin de la République de Venise.

L'île de Corfou a environ soixante lieues de circonférence ; elle est partagée aujourd'hui en quatre petites provinces, que les insulaires appellent

Balié. La première, *Levkimo*, est au levant; la seconde, *Aghirou*, à l'ouest; la troisième, *Oros*, au nord; et la quatrième, *Mezzo*, est au centre de l'île. On y compte environ soixante et dix mille habitans. La capitale en contient tout au plus quinze mille; le reste est réparti dans les villages, dont les plus considérables et les plus riches sont Levkimo et Aghirou.

Les habitans de Corfou, ainsi que ceux des îles voisines, n'offrent plus l'activité ni l'industrie qui les caractérisaient au temps d'Alcinoüs, et qu'ils savaient unir au goût des festins, du chant, de la danse, des bains tièdes, et au charme de l'amour. Ils sont aujourd'hui si paresseux, qu'ils laissent tomber l'olive de l'arbre, au lieu de la cueillir; et lorsqu'il arrive une forte pluie, les torrens emportent leur moisson et leur unique espérance.

A notre arrivée à Corfou, nous allâmes voir le provéditeur ou commandant général Erizzo. Le premier objet qui nous frappa en entrant dans son palais, fut la statue du comte de Schoulenbourg, général célèbre dans les campagnes du prince Eugène, et qui, sous le règne d'Achmet III, défendit si glorieusement la place de Corfou contre la valeur impétueuse des Musulmans.

L'esplanade voisine du palais est très-étendue et très-avantageusement située. Une immense citerne qui contient soixante et quinze mille barriques d'eau, en occupe le milieu.

La salle d'armes, que les Vénitiens appellent *armamento*, est un édifice d'une belle architecture. On y voyait alors une quantité prodigieuse d'armes antiques et modernes, rangées dans le plus bel ordre.

Les forts extérieurs sont l'Abraham, le Saint-Salvador et le Saint-Roch. Le fort Abraham est construit sur une hauteur qui domine la ville du côté du faubourg Manduchio. Les Turcs dirigèrent leur attaque sur ce point. On voit encore l'endroit où ils tentèrent l'escalade, et ils s'étaient déjà rendu maîtres du terre-plein du bastion, lorsque Schoulenbourg les en délogea.

Du haut de ce fort, nos conducteurs nous montraient l'emplacement de la ville d'Alcinoüs et de ses jardins, les aimables campagnes et l'ancien port de Skérie, qu'on appelle aujourd'hui *porto-Gouino*. L'ambassadeur n'était pas moins impatient que nous, d'aller rendre hommage à ces lieux célèbres; mais il fallait qu'il retournât à bord de son vaisseau, pour y recevoir, suivant la coutume, la visite du protopapas de Corfou et de ses caloyers (1).

____

(1) On trouve à Corfou des prêtres latins et des prêtres grecs; les uns desservent la cathédrale, les autres un riche monastère, dans le-

Le lendemain, dès l'aube du jour, nous nous rendîmes au village de *Paleòpoli* (la vieille ville), situé sur les ruines de la capitale des heureux Phéaciens. Jadis ce peuple habita les plaines spacieuses d'Hypérie, voisines des Cyclopes, les plus féroces des mortels, et qui ne connaissant d'autre loi que la force, ne cessaient de lui apporter la guerre et ses ravages. Nausithoüs, tel qu'un dieu, le conduisît dans l'île paisible de Skérie, alors sauvage et séparée du commerce des hommes. Là, bâtissant une ville, il traça l'enceinte de ses murailles, éleva des temples aux dieux, et distribua des terres.

Nous traversâmes ensuite les champs fertiles de Bénitzé, couverts de pommiers, de poiriers, de figuiers, de

____

quel on conserve le corps de Saint-Spiridion, relique singulièrement vénérée dans l'île de Corfou et dans tout le continent de la Grèce.

vignes, de grenadiers, de dattiers, d'orangers et de citronniers. Nous passâmes ensuite près de la petite église appelée *Panaghia*, où l'on voit une inscription grecque, dans laquelle Jovien se glorifie d'avoir rétabli l'empire, et d'avoir détruit les temples des payens. On nous fit voir près de là, deux sources qui, se partageant en divers canaux, arrosent encore aujourd'hui, comme au temps d'Alcinoüs, ces campagnes riantes et fertiles. Nous marchâmes ensuite vers une autre chapelle située sur une éminence entre Porto-Gouino, et le village appelé *Potamo*, du nom d'une petite rivière (1) qui l'arrose, et qui se jette dans le canal en face du Lazaret.

C'est donc ici, qu'Ulysse (2) aborda

---

(1) Cette rivière est la plus considérable de l'île.

(2) C'est une opinion généralement répandue

après avoir erré deux jours et deux nuits sur les flots. Voilà le fleuve dont l'onde paisible et pure lui offrit un abri contre la tempête. L'imagination d'Homère peut l'avoir agrandi, elle ne l'a point créé. Je vois cette forêt d'oliviers dont les rameaux entrelacés ne laissaient pénétrer, ni l'eau qui tombe du ciel, ni les rayons brûlans de l'astre du jour. Je reconnais ce vaste port dont l'entrée était étroite, et où les vaisseaux mis à sec étaient rangés avec ordre à l'endroit qui leur était assigné. Ici (1), on préparait les mâts; là, on faisait les cables; plus loin, on polissait les rames. La chapelle au pied de laquelle je me suis assis,

---

parmi les personnes éclairées de l'île de Corfou, qu'Ulysse aborda à l'embouchure du Potamo.

(1) Le port Gouin situé dans la partie occidentale de l'île de Corfou, est encore de nos jours l'endroit où sont établis les chantiers, les ateliers et les magasins de la marine.

a peut-être remplacé le beau temple de Neptune, qui s'élevait au milieu d'une grande place formée de pierres immenses arrachées du fond des carrières.

Les jardins que je viens de parcourir, touchaient à la ville d'Alcinoüs, ils en étaient à la distance d'où se fait entendre une voix élevée. Les arbres y portaient jusqu'au ciel leurs rameaux fleuris. On y voyait alors, comme aujourd'hui, le pommier et le poirier qui font le charme de l'œil et de l'odorat, le figuier et l'olivier toujours verts. Ces arbres étaient éternellement chargés de fruits; pendant que les uns sortaient des boutons, les autres mûrissaient, caressés par la douce haleine des zéphirs. L'olive, à son automne, laissait apercevoir l'olive naissante qui la suivait. La figue était remplacée par une autre figue, la poire succédait à la poire; et à peine la grenade avait disparu, qu'une autre grenade s'offrait à la main qui voulait la cueillir. Les vignes portaient des raisins dans toutes les saisons. Pendant que les uns, dans un lieu découvert, séchaient au soleil, les autres étaient coupés par les vendangeurs et foulés au pressoir. Les fleurs, dans ces vignobles, se mêlaient à la pourpre des raisins (1). On voyait près de là jaillir deux sources ; l'une roulait ses eaux limpides à travers les jardins d'Alcinoüs, et y formait mille detours pour féconder les dons de Pomone ; l'autre portait son onde orgueilleuse jusques dans le palais du souverain.

Mais, qu'est-il devenu ce magnifique palais, aussi rayonnant que l'astre du

---

(1) Ces jardins produisent sur-tout beaucoup d'oranges, et ils en fournissent le reste de l'île, et les côtes d'Italie et d'Albanie. Les melons et les pastèques s'y trouvent aussi en grande abondance, et y ont une saveur inconnue par-tout ailleurs.

jour ? Où sont ces murs d'airain, ces colonnes d'argent, ces lambris d'azur et ces beaux chiens, ouvrage du dieu de Lemnos, compagnons et gardiens immortels du palais d'Alcinoüs ? Le tems hélas ! l'inexorable tems, n'a point épargné la demeure des rois de Skérie, que les dieux mêmes avaient pris soin d'embellir.

Avant de mettre à la voile, il me restait encore un objet bien curieux à observer dans le voisinage de Corfou ; c'était la ville de Buthrotum (aujourd'hui Butrinto), l'ancienne capitale de la Chaonie, située sur la côte d'Epire.

Les vents étaient favorables, l'ambassadeur avait fixé le jour du départ, je n'avais pas un moment à perdre. Je me hâtai donc de louer un bateau à quatre rames ; je doublai promptement l'île de Vido, et après avoir perdu de vue les forts élevés de Corfou, j'arrivai sur le continent opposé, à l'embouchure d'un fleuve parsemé de joncs et de plantes aquatiques, lequel était appelé *Xanthus* par les anciens, et que les Vénitiens appellent *Pania*.

Protinus aeris Phœacum abscondimus arces
Littoraque Epiri legimus, portuque subimus;
Chaonio et celsam Buthroti ascendimus urbem.

L'ancienne ville de Buthrotum est située sur une éminence, au bord d'un grand lac formé par les débordemens du Xanthus, et dont les vapeurs infectent l'air d'alentour. En parcourant ses ruines qui couvrent un espace de plusieurs milles, je trouvai l'emplacement d'un temple jonché d'entablemens, fûts de colonnes et de chapiteaux entassés les uns sur les autres. De vieux chênes s'élèvent au milieu de ces ruines, et les enveloppent de leurs fortes racines. Je croyais y voir l'autel où Pyrrhus fut assassiné au moment où il allait placer le diadème sur le front d'Andromaque.

Il est au comble de ses vœux ,
Le plus fier des mortels et le plus amoureux.
Je l'ai vu vers le temple où son hymen s'apprête,
Mener en conquérant sa nouvelle conquête,
Et d'un œil où brillaient sa joie et son espoir,
S'enivrer en marchant du plaisir de la voir.
Andromaque, au travers de mille cris de joie,
Porte jusqu'aux autels le souvenir de Troye ;
Incapable toujours d'aimer et de haïr,
Sans joie et sans murmure, elle semble obéir.

Lorsqu'Enée aborda aux rivages de l'Epire , il trouva la malheureuse Andromaque faisant des libations aux mânes de son époux, à l'entrée de Buthrotum , dans un bois qui s'étendait sur les rives du Faux-Simoïs. Il reconnaît le Pergama , le Xanthe et les portes Sceés.

Procedo, et parvam Trojam simulataque magnis
Pergama, et arentem Xanthi cognomine rivum
Agnosco, Sceœque amplector limina portœ.

Puisque le fils d'Anchise et la veuve d'Hector retrouvèrent ici leur patrie, il faut que ce tableau soit la copie fidèle des lieux chéris qu'ils ont l'un et l'autre tant de raisons de regretter.

La situation de Buthrotum resta profondément gravée dans ma mémoire, et ces souvenirs dans la suite ne me furent pas inutiles, pour la découverte de l'ancienne Troye.

CHAPITRE III.

Voyage de Corfou à Zante.

LE 19 septembre, nous mîmes à la voile, et en côtoyant l'île, nous aperçûmes le village de Leukimo, près du promontoire autrefois appelé *Leukimna*. Ce village est peuplé de bandits que la justice ne saurait atteindre, à cause de l'extrême facilité qu'ils ont de passer sur les terres de Turquie, lorsqu'ils ont commis quelque crime.

Le 20, au point du jour, nous étions encore à la vue du cap Blanc (capo Bianco), l'extrémité la plus méridionale de l'île de Corfou ; et nous découvrions les îles de Paxo, d'Antipaxe et de Sainte-Maure.

Nous louvoyâmes pendant tout le jour entre l'île de Corfou et la côte d'Epire. Vers le soir, il s'éleva un léger vent d'est; nous espérions en profiter pour doubler le cap Blanc. Le capitaine essaya de trouver la passe à travers les nombreux écueils semés entre le cap et l'île de Paxo. Il sonda long-tems; mais ayant remarqué tout d'un coup une différence de sept à huit brasses dans la profondeur, et voyant la nuit approcher, il ordonna de virer de bord, et nous continuâmes de louvoyer jusqu'au matin.

L'île de Paxo que nous avions à droite, paraît avoir été séparée de l'île de Corfou par quelqu'une de ces révolutions de la nature, qui y sont encore très-fréquentes aujourd'hui. Elle était connue du tems de Pline, sous le nom d'*Ericussa*. On y trouve un petit port appelé *Porto-Gaï*, dont saint Paul parle dans ses épîtres; et l'on y montre encore la maison qu'il habitait.

Le 21 au matin, nous étions tout-à-fait sortis du golfe , et nous avions très-heureusement évité l'écueil qui s'étend à cinq milles en mer, entre l'île de Paxo et la côte d'Albanie.

Le 22 , quelques heures avant l'aube du jour, nous nous trouvions à l'entrée du golfe de Preveza. Les courans nous avaient portés si près du continent, que nous apercevions distinctement les feux de la ville de Parga.

La petite colonie de Parga s'enfonce d'environ une lieue dans les terres d'Albanie ; c'est , comme Butrinto et Preveza , une espèce de poste avancé dont les Vénitiens se servaient pour inquiéter les opérations de leurs ennemis , les surveiller et en retarder l'approche. La capitale est bâtie sur un rocher au bord de la mer. Les habitations s'élèvent en amphithéâtre jusqu'au sommet de ce rocher, où l'on voit un fanal destiné à diriger les navigateurs.

Les habitans de Parga sont tous soldats, et en guerre continuelle avec les Turcs. C'est sur-tout au temps de la moisson, que les actions sont plus fréquentes entre eux , parce qu'ils se volent mutuellement leurs récoltes. On voit alors des enfans de six ou sept ans suivre leur père au combat, et charger leurs fusils dans la mêlée. Lorsqu'un habitant de Parga a péri de la main d'un Turc, la veuve suspend à la porte de sa maison les vêtemens teints du sang de son époux ; et elle ne les retire que lorsqu'elle est vengée.

Le caractère des Parganotes tient beaucoup de la fierté et de la barbarie des Albanois. Ils sont aussi fort adonnés à la piraterie. Dignes successeurs des Acarnaniens et des Locres Ozoles, ils n'attachent pas à cette profession l'idée d'injustice et d'infamie. C'est un reste de barbarie de l'ancienne Grèce. Quand ils aperçoivent à la mer un bâtiment marchand faible et mal armé, ils l'attaquent, le pillent et le coulent

à fond, après avoir égorgé l'équipage.
Ils cherchent ensuite un port com-
mode pour y déposer leur butin, et
le partagent souvent avec les comman-
dans, qui refusent, rarement à ce prix,
de leur donner asile et de leur procu-
rer l'impunité.

Le golfe de Preveza sert, en quelque
sorte, d'entrée au golfe de Larta. (1),
où l'on voit les ruines de Nicopolis,
ville célèbre fondée par Auguste, et
destinée à perpétuer la mémoire de la
bataille d'Actium. Les héros cherchent
à immortaliser le théâtre de leurs victoires. Auguste prodigua tout pour
embellir Nicopolis. La chute de cette
ville suivit de près celle de l'empire
d'Orient; les tremblemens de terre en
ébranlèrent les fondemens; les barbares achevèrent de la détruire.

Son enceinte est encore debout;
mais la plupart de ses débris sont re-

____

(1) *Ambracicus sinus.*

couverts de mousse et de terre, dont
les Turcs et les Grecs se disputent la
culture et les produits. Hors de ses
murs, on trouve les traces d'une nau-
machie qui, des deux côtés, commu-
niquait à la mer.

La petite ville de Preveza s'élève
près des ruines de Nicopolis. Son territoire, couvert d'oliviers et de quelques champs de bled, forme une espèce de péninsule à gauche de l'entrée
du golfe de Larta. Sa population con-
sistait en cinq à six mille habitans,
braves et industrieux, mais fourbes,
vindicatifs et cruels.

Les Français étaient maîtres de Preveza, ainsi que de toutes les possessions des Vénitiens dans la mer
Ionienne et sur le continent de la
Grèce septentrionale, lorsque l'invasion de l'Egypte fournit aux ennemis
de la France, un prétexte pour forcer
les Turcs à se déclarer contre elle.
Le pacha de Janina, Ali, homme

adroit, ambitieux et puissant, qui
règne sur l'Epire plutôt en maître
qu'en sujet de la Porte Ottomane,
trouva ce moment propice pour s'emparer des quatre districts que les Français avaient sur le continent. Il les
convoitait depuis long-temps, parce
qu'ils arrondissaient ses Etats, et lui
fournissaient des mouillages commo-
des. Il se dispose à attaquer Preveza
comme le poste le plus important. La
flotte turco-russe débouchait alors
dans l'Archipel ; le général commandant à Corfou, visite lui-même Preveza, et croit devoir défendre ce poste
que pouvaient atteindre en un instant
toutes les forces d'Ali. Il ordonne l'é-
tablissement de quelques ouvrages sur
l'isthme, et y destine quatre cent
cinquante hommes, commandés par
le chef de brigade Hotte.

On commence à exécuter ces dispo-
sitions ; les habitans de Preveza paraissent s'y prêter. Mais bientôt le

pacha les fait menacer de toute sa vengeance , s'ils ne se déclarent contre les
Français. Ils sont intimidés ; une partie s'enfuit , l'autre reste indécise.

En même temps l'adroit pacha avait
recours à la ruse pour inspirer au général français une fausse sécurité. Il
lui fit demander une entrevue. L'adjudant général Rose , qui commandait à
Corfou , eut le malheur de s'y rendre.
Ali, le perfide Ali , abusant de sa confiance, le fit charger de fers et conduire
à Janina. Cet acte n'annonçait que trop
ouvertement des hostilités imminentes.
On avait à peine eu le temps d'ébaucher
une redoute en avant de Nicopolis.
Quatre cents Français, sans appui, sans
retraite , étaient épars sur un terrain
d'une étendue trop considérable pour
leur nombre , lorsque l'avant-garde
d'Ali, composée de cinq cents Albanois,
vint au milieu de la nuit attaquer le
camp. Les troupes furent en un instant
sous les armes , et soutinrent le com-

bat jusqu'au jour. Dès qu'elles purent reconnaître l'ennemi, elles marchèrent à lui, le chargèrent avec impétuosité, et le repoussèrent jusqu'au théâtre antique qui, jadis l'asile des jeux, allait bientôt devenir le témoin du carnage.

Aux premiers rayons du jour, un corps nombreux de cavalerie paraissait sur les sommets voisins; les Français rentrèrent dans leur camp. Le général La Salcette qui commandait à Zante, avait reçu ordre de se transporter à Leucate. Comme il vit à Preveza le poste du danger, il s'y était rendu pour presser les travaux, contenir les habitans et encourager les troupes.

Un instant lui avait suffi pour juger de la position où se trouvait le petit nombre de soldats qui composaient ce camp ; mais il n'y avait pas à délibérer, l'ordre était précis. Il était là pour défendre le poste et non pour le céder ; il n'avait derrière lui que la mer, et une peuplade disposée à s'unir à lui s'il était vainqueur, et à l'assassiner s'il était vaincu. Il obéit; il rassembla les officiers, leur parla le langage de l'honneur, et leur développa les ressources qu'ils pourraient trouver dans leur courage et dans celui de leurs troupes, s'ils les maintenaient fermes et réunies.

Il établit au bourg de Preveza, un corps de cinquante hommes, pour contenir les habitans et garder quelques bateaux, avec ordre à l'adjudant Tissot, qui y commandait, de se mettre en bataille à la tête du bourg, avec ce qu'il aurait de disponible, pour protéger la retraite si elle avait lieu.

Tel était l'état des choses, quand l'ennemi parut sur les hauteurs avec onze mille hommes, presque tous de cavalerie albanoise, les meilleures troupes de l'empire, commandées par Ali en personne, ayant son fils Mouctar sous ses ordres.

De son côté, le général français
arrive au camp, change quelques dis-
positions, et rassure le soldat contre
le choc terrible qui se prépare. Tout-
à-coup le cri de guerre retentit sur la
colline ; l'armée entière d'Ali invoque
Mahomet ; elle accompagne ce vœu
d'une décharge générale. A l'instant
toute la cavalerie s'ébranle ; et guidée
par l'intrépide Mouctar, elle se précipite et inonde la plaine, entre le théâtre
et le camp. La contenance fière des
Français en impose aux Albanois.
Cette terreur leur cause un moment de
désordre. Mais le cimetère d'Ali a
brillé sur la colline ; ils se rallient à la
voix de Mouctar, et plus furieux, ils
reviennent à la charge, en poussant
d'horribles cris. Ils sont reçus par deux
rangs immobiles, dont le feu soutenu
jonche la terre de leurs morts, et re-
double leur rage. Ils se précipitent sur
les baïonnettes. Leurs corps nombreux
épars dans la plaine, débordent par-

tout les Français ; ces derniers se serrent, s'affermissent, font feu de toutes
parts. Mais les charges se renouvellent
avec fureur. Leur front, heurté par
des masses de cavalerie, se rompt ;
les rangs se divisent et se confondent ;
alors s'engagent mille combats corps à
corps, et le carnage devient horrible.
Chaque Français faisait tête à vingt
barbares, et leur vendait chèrement
sa vie.

Hotte, chef de brigade, se défend
seul contre trois cavaliers, et parvient
à se retirer sous le feu de la redoute.

Le brave Gabory se faisait remarquer dans la mêlée, par sa taille et son
courage. Il succombe, percé de coups,
sur les corps sanglans des ennemis
qu'il avait abattus.

Richemont, capitaine du génie,
officier distingué et soldat intrépide,
armé d'un fusil, était résolu de ne le
quitter qu'avec la vie. Il se trouvait
dans la plaine, entouré d'un peloton

d'Albanois. Il s'adosse contre un débri de l'antique cité, et déjà il a mis trois ennemis hors de combat; mais il reçoit un coup de feu au bras gauche. Une balle morte le frappe entre les deux épaules. Un dernier coup de sabre lui fend le bras déjà blessé; quatre Albanois le menacent d'une mort inévitable, lorsque Mouctar, qui avait été témoin de son courage, s'approche et commande qu'on épargne ce brave homme.

Au bruit du combat, l'adjudant Tissot était sorti de Preveza à la tête de vingt-cinq hommes; et perçant à travers l'ennemi épars dans la plaine, il s'était réuni à un peloton de braves combattant toujours et faisant sa retraite sur le bourg, à travers un gros de cavalerie, qui ne cessait de le harceler et de le heurter sans pouvoir l'entamer. Mais au moment où ces guerriers courageux croyaient atteindre à un asile hospitalier, ils furent

presque tous massacrés par les habitans, qui, pour plaire aux vainqueurs,
crurent devoir se montrer barbares
envers les vaincus.

Des papas, ou prêtres grecs, se firent
sur-tout remarquer par leur zèle inhu-
main. Ces prétendus ministres d'un
Dieu de paix et de charité, furent les
premiers à tremper leurs mains crimi-
nelles dans le sang de ces généreuses
victimes de l'honneur.

Cependant le général La Salcette,
avec une trentaine de soldats, résistait
encore dans la faible redoute; et quoiqu'environné d'ennemis furieux, il
faisait feu de toutes parts; mais bientôt ses munitions furent épuisées.
L'ennemi s'en aperçut et redoubla d'audace. Il était déjà sur la gorge de l'ouvrage; le général dut alors songer au
salut des Français qui l'environnaient.
Assailli de toutes parts, il remet son
sabre à l'un des lieutenans d'Ali, et
demande que le carnage cesse. Une

centaine de prisonniers, harassés et couverts de blessures, furent traînés devant le farouche Ali, qui était alors occupé à contempler des têtes amoncelées et des cadavres encore palpitans. Ses soldats, les mains et les pieds baignés de sang, sollicitaient un de ses regards en agitant à ses yeux les dépouilles hideuses de leurs victimes.

Le pacha ordonna à un détachement d'Albanois de conduire les prisonniers au château de Loroux, village à deux heures de distance de Nicopolis. Ils y furent entassés dans un affreux cachot, d'où on les fit sortir pour les mener vers un monceau hideux, où ils ne distinguèrent d'abord que des cheveux souillés de sang. Des mains barbares soulèvent ces cheveux, et présentent à leurs yeux les têtes de leurs camarades, de leurs amis, de leurs chefs, de ces mêmes compagnons d'armes dont ils avaient tant de fois partagé les périls et la gloire sur les bords fameux du Rhin, du Danube et du Pô. On fait plus, on exige d'eux qu'ils dépouillent ces têtes, qu'ils les salent, et qu'ils les transportent eux-mêmes à Janina. Après avoir éprouvé dans cette ville les plus mauvais traitemens et les outrages les plus odieux, on les fit partir pour Constantinople. Ils eurent à traverser tout le nord de la Grèce, pendant les rigueurs de l'hiver. Couverts de haillons et la plupart sans chaussure, ils furent traînés pendant quarante - six jours, par les chemins les plus affreux, et parqués durant les nuits, dans les lieux les plus dégoûtans. Lorsque trop affaibli par la douleur, la faim ou le froid, quelqu'un d'eux se traînait avec trop de difficulté, un Tartare le poussait sur le bord d'un fossé, lui tranchait la tête et la donnait à porter à ses compagnons.

Ils arrivent ainsi à Constantinople. La Salcette, Hotte et Rose sont mis aux

Sept-Tours, où ils restent deux ans ;
les autres sont jetés dans le bagne (1),
où ils ont presque tous péri.

Ombres magnanimes qui errez dans
les plaines de Nicopolis et sur les rives
du Bosphore, le cantique de la gloire
et la voix de l'amitié s'élèveront aussi
pour vous ! Vos exploits seront un
jour l'entretien des enfans des braves.
Il n'est aucun de vos faits glorieux qui
n'ait contribué aux victoires de la
France, et à la paix qui doit la rendre
heureuse. Il n'est aucun de vos compagnons d'armes qui, dans ses loisirs,
dont votre sang est le prix, ne s'em-
presse d'honorer votre mémoire et
d'élever sur vos tombeaux la pierre
du souvenir.

Le 22, au coucher du soleil, nous
avions atteint le promontoire de Leucate (capo Lucato), extrémité occi-

---

(1) Le bagne de Constantinople correspond
à nos galères.

dentale de l'île de Sainte-Maure. « Le
« Dieu de Cyllene, dit Homère, con-
« duisant les ombres des amans de
« Pénélope à travers les routes obscu-
« res et hideuses de la mort, franchit
« le rocher élevé de Leucate ; et tra-
« versant les portes du soleil et le
« peuple des songes, il arrive en un
« moment aux prairies où fleurit l'as-
« phodèle ».

Le promontoire de Leucate est en
effet une montagne très-élevée et tail-
lée à pic, au sommet de laquelle on
voyait autrefois un temple d'Apollon.

Mox et Leucatæ nimbosa cacumina montis
Et formidatus nautis aperitur Apollo.

On y célébrait tous les ans la fête du
Dieu ; et l'on précipitait dans la mer
un criminel condamné à mort, afin
de détourner sur sa tête tous les fléaux
dont les habitans étaient menacés.
C'était une victime expiatoire, suivant
un usage commun à plusieurs peuples.

Les amans malheureux venaient aussi dans ce même temple offrir des sacrifices. Ils se précipitaient ensuite dans les flots, espérant y trouver un remède contre les fureurs de l'amour. Un habitant de Buthrotum, toujours prêt à s'enflammer pour des objets nouveaux, fit quatre fois le saut de Leucate, et quatre fois il fut soulagé de ses peines. L'amante de Phaon et la reine de Carie ne furent pas aussi heureuses; elles y périrent l'une et l'autre.

Ici on délibéra si nous passerions à l'ouest de Céphalonie, ou à l'est de l'île d'Ithaque; et l'on se décida, avec grande raison, pour ce dernier parti. Le golfe de Lépante nous offrait en effet des ports nombreux pour nous mettre à l'abri de la tempête; au lieu qu'en suivant l'autre route, si nous avions été surpris par les vents contraires, nous aurions été forcés de retourner à Corfou, ou d'aller chercher un mouillage sur la côte d'Italie.

Le 23 nous étions arrivés assez près de l'île d'Ithaque, pour apercevoir les troupeaux de chèvres qui paissaient sur ses collines. Un des officiers du vaisseau, homme très-instruit et très-enthousiaste d'Homère, était né dans cette île. Il nous avait souvent répété que le chantre de l'Odyssée était son compatriote, et que la même île avait été leur commun berceau. « L'empereur Adrien, nous disait-il, consulta les Dieux pour savoir le lieu de la naissance d'Homère. L'Oracle répondit qu'il était né à Ithaque. La vérité, pour cette fois, sortit de la bouche de l'Oracle. J'ai retrouvé dans mon île tous les lieux que ce divin poète a chantés, et vous les apercevrez successivement en parcourant les rivages qui me rappellent les heureux temps de mon enfance. »

La mer était calme ; une brise légère enflait nos voiles ; les vents semblaient favoriser son récit. « L'île que vous avez sous les yeux, nous disait-il, est célèbre dans toutes les bouches, depuis les lieux où naît l'aurore jusqu'à ceux où règne la nuit ténébreuse. Ithaque, dit Cicéron (1), est semblable à un nid construit sur le sommet des rochers : *Ithacam in asperrimis scopulis tanquam nidum affixam.* Son site, ajoute Horace (2), n'est point favorable aux coursiers. il ne leur offre ni plaines ni prairies fécondes.

Non est aptus equis Ithacæ locus, ut neque planis
Porrectus spatiis, neque multus prodigus herbæ.

« Lorsque Télémaque la peignait à Ménélas comme la plus stérile et la plus montueuse de toutes les îles, où l'on ne voyait que des chèvres broutantes sur le sommet des rochers, il dépréciait ses possessions

____

(1) *Cicer. de Oratore.*
(2) *Horatii Epist. VII.*

avec art, pour exalter celles du roi de Lacédémone, où le trèfle, le lotier, l'avoine, l'orge et le froment croissaient en abondance.

« Télémaque ne tient plus le même langage lorsqu'il dépeint l'île d'Ithaque à son père, qui se présente à lui sous la figure d'un vieillard décrépit.

« Sans doute, lui dit-il, cette île parsemée de rochers et de montagnes, n'élève pas de coursiers; mais si elle n'a pas des plaines spacieuses, elle n'est pas non plus entièrement stérile. On y recueille des moissons dorées ; la vigne croît sur ses coteaux ; ses légumes et ses plantes sont baignés par les eaux du ciel et les fertiles rosées. Les chèvres et les bœufs y trouvent de rians pâturages. Elle est ombragée de forêts et arrosée de sources intarissables. »

Le dernier tableau d'Ithaque est plus ressemblant que le premier.

Cette île a environ dix lieues de

tour , et une population de huit mille
ames. On y recueille aujourd'hui des
légumes, des fruits et des raisins de
Corynthe en grande abondance ; elle
produit un peu de bled (1). On y trouve
un grand nombre de ports ; ceux de
Vathi , de Gidaki et de Sarachiniceo ,
sont les plus considérables et les plus
sûrs.

«Vous voyez, continuait-il, ces deux
rochers qui s'avancent dans la mer, et
qui semblent avoir été arrachés de ses
rivages pour former aux vaisseaux un
abri contre la tempête. C'est là qu'est le

---

(1) Aucune des îles Ioniennes (ci-devant
vénitiennes) ne produit assez de bled pour la
consommation des habitans : celle qui en récolte
le plus, ne fournit à sa consommation que pour
quatre mois de l'année : elles retirent le surplus
de la plaine de Larta, de la Morée, etc. Une
des productions particulières aux îles d'Ithaque,
de Céphalonie et de Zante, c'est l'*uva-passa*,
que nous connaissons sous le nom de raisin de
Corynthe.

port consacré au dieu Phorcys (1) ; on trouve encore dans le voisinage la grotte sacrée où Ulysse offrit tant de fois des victimes aux Naïades, et où, par le conseil de Minerve, il déposa l'or, l'airain et les vêtemens qu'il avait reçus des Phéaciens. Cette chaîne de montagnes couvertes d'oliviers, qui forme l'enceinte du port, est le mont Nérite. Le village qui est situé sur sa pente, et dont les maisons descendent jusqu'au rivage de la mer, est bâti sur les ruines de l'ancienne capitale du royaume de Laërte; elle porte le nom de Vathi (2).

« Vous apercevez un autre port moins profond, séparé du port Phor-

______

(1) Aujourd'hui *Porto Vathi.*

(2) Le général La Salcette nous apprend que le bourg de Vathi contient environ trois mille habitans, la plupart marins ou constructeurs de navire. Il y a compté jusqu'à quinze bâtimens à deux et trois mâts appartenans aux insulaires.

cys par un promontoire, c'est le Réthros (1), qui est ombragé par le mont Née, où Minerve feint d'avoir laissé son vaisseau loin de la ville d'Ithaque. »

Pendant que l'officier nous décrivait ainsi ces lieux enchanteurs, les vents nous avaient porté au-delà du Réthros, vers le promontoire du Corbeau, où est encore aujourd'hui la fontaine Aréthuse. « C'est là, dit-il, que le fidèle Eumée s'arrête en conduisant à la ville son roi courbé sur un bâton et couvert de honteux lambeaux. De tous les serviteurs d'Ulysse, Eumée était celui qui avait le plus d'attachement pour Télémaque et pour la chaste Pénélope (2). Ils approchent tous deux

---

(1) Aujourd'hui *Porto Squinosa.*

(2) La mémoire de Pénélope est encore en si grande vénération dans cette île, que les habitans respectent de certaines ruines qu'ils croient être des vestiges du palais de cette

de cette belle fontaine, d'où jaillissait une eau limpide, et où les habitans d'Ithaque venaient se désaltérer. Elle était environnée d'un bosquet de peupliers ; sa source fraîche tombait à grands flots d'un rocher au-dessus duquel on voyait un autel dédié aux Nymphes, et où tous les voyageurs offraient des sacrifices et des vœux. »

A peine il finissait cette agréable description de la fontaine Aréthuse, que nous aperçûmes des ruines qui s'élevaient du milieu d'une épaisse forêt de chênes verts et d'oliviers. « C'est, continuait-il, une tradition reçue parmi nos insulaires, que cette antique muraille faisait partie du pa-

---

chaste princesse. *Voyez* Description géographique et historique de la Morée, par le père Coronelli, 2.ᵉ partie, page 75.

lais d'Ulysse (1). Où pouvait-il en effet mieux placer le siége de son empire, s'il est vrai, comme le dit Homère, qu'il fut maître des îles fécondes de Samos, de la verte Zacinthe et d'Ithaque, moins éloignée du continent et plus voisine du pôle ?

« Que d'agréables momens j'ai passé dans ma jeunesse au pied de cette muraille, d'où j'apercevais lès îles de Zante, de Céphalonie, et jusqu'aux rives opposées de l'Acarnanie, qui étaient aussi sous la domination d'U-

____

(1) Nous connaissons maintenant quelle fût en des tems postérieurs la divinité tutélaire d'Ithaque, et les règles du culte que les habitans lui rendaient. Une inscription de la plus haute antiquité portée à Venise en 1758, nous apprend que Diane eut dans la patrie d'Ulysse un temple et un territoire sacré, dont les productions et les fruits devaient être employés au culte de la déesse.

lysse. Combien de fois je suis venu, l'Odyssée à la main, parcourir ces vénérables débris, et les objets inté-ressans dont ils sont entourés. Après avoir retrouvé la ville d'Ithaque, les deux ports, le mont Nérite et le mont Née, la fontaine Aréthuse et le rocher du Corbeau (1), je me plaisais à cher-

---

(1) Ces observations sur l'intérieur d'Ithaque, viennent d'être confirmés par des témoignages récens et des autorités respectables. Le chef de brigade du génie, Vallongue, accompagnait, avec quelques autres officiers, le général La Salcette lorsqu'il allait prendre le commandement des îles de la mer Egée : ils s'embarquèrent au port de Samé dans l'île de Céphalonie, et abordèrent de nuit dans celle d'Ithaque, à l'embouchure d'un ruisseau sur la côte opposée au port de Vathi. Ils traversèrent ensuite des ravins, des champs d'oliviers, des vignes et des broussailles; le ciel était parsemé de nuages, la lune donnait par intervalles de ces clartés fugitives qui ne font que redoubler l'obscurité des ténèbres. Chacun

cher la demeure d'Eumée, qui con-
sumait sa vie à regretter son maître,
pendant que ce prince errant et malheureux parcourait les villes et les
champs étrangers. Je savais qu'Ulysse,
pour arriver chez le gardien fidèle de
ses troupeaux, avait suivi, en s'éloignant du port, un sentier étroit, ra-
boteux et escarpé, à travers des montagnes ombragées de forêts. Je savais
que cette habitation spacieuse était

---

cherchait un chemin, on s'égarait, on s'appelait
mutuellement dans des lieux, étonnés d'entendre
retentir des noms français. La nuit laissait à cette
terre classique tous ses charmes, et l'imagination
de nos guerriers la leur peignait d'autant plus
belle, qu'ils la touchaient sans la voir.

Ils y ont retrouvé le port Phorcys et le Réthros, le mont Nérite, le mont Née, et jusqu'à
la fontaine Aréthuse, que les habitans appellent
aujourd'hui *Corax* (la fontaine du Corbeau),
en lui transmettant le nom du promontoire qui
en était voisin.

située sur le sommet d'une colline isolée ; je tâchais donc de marcher sur les pas du héros ; et quand je croyais avoir découvert la colline que je cherchais, mon imagination franchissait l'intervalle des siècles, je voyais cette vaste cour entourée d'une haie d'épines, que soutenaient des poteaux nombreux et serrés, du chêne le plus dur ; douze étables contiguës y étaient construites ; quatre chiens, semblables à des lions, y veillaient à la garde des troupeaux.

« J'allais ensuite à la recherche du palais rustique de Laërte, qui devait être aussi au milieu des champs, puisqu'Ulysse et ses compagnons y arrivent bientôt après être sortis de la ville. Je déterminais l'emplacement de cette maison entourée de cabanes, où les serviteurs les plus nécessaires aux besoins du vieillard, prenaient leurs repas, et jouissaient des douceurs du sommeil. J'entrais dans ce petit verger dont Laërte fit présent à Ulysse dans son enfance, et où les Heures, ces filles du ciel, faisaient descendre leurs plus riches trésors. Je croyais y voir l'intrépide Ulysse, sous un poirier élevé; il est immobile, il fond en larmes, au moment où après vingt ans d'absence, il contemple son vieux père vêtu d'une tunique souillée de poussière, et sarclant la terre autour d'une jeune plante.

« Lorsque j'avais ainsi fixé les lieux célèbres qui environnaient le palais d'Ulysse, je m'avançais avec respect vers cette antique muraille. C'est donc là, me disais-je alors, qu'habitait ce prince qui n'abusa jamais de son pouvoir, qui ne fut injuste ni en actions, ni en paroles, qui ne distribua point avec caprice (rare exemple parmi les rois) à l'un sa bienveillance, à l'autre sa haîne, et qui ne fit pas un malheureux.

« Le palais d'Ulysse avait plusieurs

étages, il dominait sur la ville : au
milieu de la vaste cour dont il était
entouré, on voyait un autel domes-
tique consacré à Jupiter ; de hautes
murailles formaient l'enceinte de ce
palais ; ses portes étaient solides et à
doubles battans : il eût été difficile
de s'en emparer par la seule valeur.
Voilà le vestibule, où le vaillant
Ulysse, étendu sur une peau de
bœuf, songeait, plein de fureur,
aux moyens d'assouvir sa vengeance
contre les amans de Pénélope. Ici,
étaient les degrés par où la fille d'I-
care montait au Gynecée ; là, était
l'enceinte éloignée où l'on conservait
les trésors les plus précieux du roi,
l'or, l'airain et le fer ouvragé. On y
voyait aussi l'arc fameux d'Ulysse, et
son carquois chargé de flèches mor-
telles.

« Ce même lieu renfermait aussi
des vêtemens précieux qui exhalaient
un doux parfum, et des urnes rem-

plies d'un vin rare, nectar digne des
immortels, et réservé pour Ulysse, si
jamais ce bon roi, accablé du poids
de ses infortunes, reportait ses pas
dans son palais. Une femme veillait
jour et nuit sur ces richesses : c'était
la fille d'Ops, la prudente Euryclée,
qui ne pouvait point se résoudre à
croire que la race d'Arcesius fût
odieuse aux immortels, mais qui
croyait au contraire qu'un rejeton
de cette illustre famille devait régner
un jour dans ses palais élevés, et sur
ses champs fertiles.

« Je m'arrête enfin dans cette salle
immense, où les superbes rivaux s'as-
semblaient pour célébrer leurs festins,
où l'on respirait sans cesse la vapeur
odorante des mets, et où le fils de
Laërte renversa dans la poussière,
ces chefs insensés qui dévoraient ses
biens, et dont les injustices et les
crimes avaient frappé la voûte céleste. »

Ici notre officier termina sa description de l'île d'Ithaque, que nous écoutâmes avec un intérêt d'autant plus vif, que nous vîmes successivement passer sous nos yeux les principaux objets qu'il nous dépeignait. N'est-ce pas en effet un véritable sujet d'admiration pour les amis d'Homère, d'observer avec quelle exactitude, ses descriptions correspondent encore avec la nature, après tant de siècles, et après toutes les altérations qu'ont éprouvées ses ouvrages, et les pays dont il nous offre le tableau ?

Aussitôt que nous eûmes doublé la pointe méridionale de l'île d'Ithaque, mes regards se portèrent sur le canal Viscardo, qui sépare cette île de celle de Céphalonie. Je cherchais Astéris ; je n'aurais pas été surpris, je l'avoue, si ce rocher n'eût jamais existé que dans l'imagination du poëte. Je l'aurais été moins encore, s'il avait disparu sous les eaux, englouti par les commotions si fréquentes dans toute cette partie de la mer Ionienne : mais non, Astéris existe encore, au lieu même où Homère l'a placé. « Il est, dit ce poëte, une petite île hérissée de rochers, qui s'élève entre Ithaque et la montueuse Samos. Astéris est son nom, elle a deux ports qui se communiquent et offrent aux vaisseaux un sûr asile ; c'est en ce lieu que les chefs préparent leurs embuches, et attendent le retour de Télémaque. »

L'île d'Astéris porte aujourd'hui le nom de *Didascalo ;* elle est en face de l'ancien port de Samos, qu'on appelle encore *Samé.*

A notre horizon du côté du nord, nous voyons se déployer les hautes montagnes de Céphalonie ; nous ne les avions jusqu'alors aperçues que derrière celles d'Ithaque, avec lesquelles elles semblaient se confondre.

Les Céphaloniens combattirent au siége de Troye, sous les drapeaux d'Ulysse. Ils furent dans tous les tems renommés pour la valeur. « Les Céphaloniens, dit Thucidide, décidaient toujours la victoire en faveur des peuples dont ils embrassaient le parti. La guerre ne les empêcha point de cultiver les arts. Le fameux temple d'Elis était leur ouvrage. »

Lorsque les Romains parurent dans la mer Ionienne, tous les insulaires coururent au-devant d'un joug qu'ils ne pouvaient éviter. Les braves Céphaloniens furent les seuls qui osèrent le repousser. Athènes, Corynthe, Sparte étaient dans les fers, les Céphaloniens se défendaient encore. Le consul M. Fulvius était descendu dans l'île avec son armée (1), les peuples frappés de terreur s'étaient retirés dans Samé ; assiégés et pressés de toutes parts, ils consentirent à capituler. Une trêve

____

(1) 189 avant Jésus-Christ.

fut conclue : mais bientôt les conditions prescrites par un ennemi trop sûr de sa force, réduisant les assiégés au désespoir, tout accommodement fut rompu. Samé emportée d'assaut, fut détruite de fond en comble par le vainqueur. La ville des Paléens, moins sévèrement traitée, devint la métropole de l'île, qui ne fut jamais regardée avec bienveillance par les Romains ; et lorsqu'Adrien, soigneux de visiter toutes les parties de son immense empire, honora Céphalonie de sa présence, les Paléens eux-mêmes regardèrent comme une faveur signalée d'être réunis à l'Etat athénien (1).

Après avoir passé entre le cap Tornèse (2), l'extrémité la plus occi-

____

(1) *Voy.* Paciandi, Mon. Pelopon., pag. 94 et 98.

(2) *Chelonites promontorium.*

dentale de l'Elide, et le cap Capra (1), où était autrefois le célèbre temple de Jupiter, nous abordâmes à l'île de Zante.

---

(1) *Ennos promontorium.*

CHAPITRE IV.

Séjour à Zante, autrefois Zacynthe.

Le fils de Dardanus conduisit à Zacynthe une colonie de Troyens ; elle s'y augmenta si rapidement, que les habitans devenus trop nombreux, furent obligés d'aller au-delà des mers chercher une autre patrie ; ils se fixèrent sur la côte orientale de l'Espagne, et y fondèrent Sagonte, attirés sans doute par la ressemblance de ce beau climat avec celui qu'ils venaient de quitter.

Les Zacynthiens ne prirent pas beaucoup de part aux premières guerres de la Grèce. Ils cultivaient avec succès les arts de la paix ; on voyait chez eux, ainsi que dans quelques parties de la Grèce, cette espèce de déclamateurs qui faisaient profession de réciter les vers des plus célèbres poètes, et qu'on appelait *Homéristes*.

L'île de Zacynthe servit d'asile aux Romains chassés de leur patrie dans les proscriptions. On a prétendu même que les cendres de Cicéron y avaient été transportées, car dans ces tems malheureux on violait aussi l'asile sacré des tombeaux.

Comme nous ne devions faire à Zante qu'un séjour de courte durée, nous nous empressâmes, Spallanzani et moi, d'aller à la recherche des objets curieux qui s'y trouvent. Nous allâmes d'abord aux sources d'huile de Pétrole, ou poix minérale, que le comte Marsigly, et depuis le consul général Saint-Sauveur, ont décrites dans leur voyage du Levant. Ces sources sont à douze milles de la capitale, dans une plaine de deux lieues de circonférence, près de la mer et du village de Chierri.

Je remarquai sur la route, que la

plante *skillé* croissait dans l'île de Zante en plus grande abondance que sur le rocher Sazeno. J'observai en divers endroits des rochers de gypse, et par-tout des traces de tremblemens de terre.

Nous descendîmes de cheval à l'entrée de la plaine ; à mesure que nous avancions vers les bassins d'où sort l'huile de Pétrole, nous sentions la terre trembler sous nos pieds. De tems à autre, nous entendions même un bruit souterrain, qui prouve que tout cet espace est creux et miné.

L'huile de Pétrole se recueille maintenant dans deux bassins de quinze ou vingt pieds de diamètre, dont on ne saurait trouver le fond, et dont les eaux sont singulièrement limpides. A l'entour de ces bassins, on en trouve plusieurs autres moins grands ; et partout où l'on creuse, on voit à l'instant jaillir une source d'eau pure, et l'huile de Pétrole s'élever en bouillonnant

du fond de cette source à la surface.
Hérodote, dans ses voyages, avait
observé ce phénomène.

L'île de Zacynthe, dit-il, renferme
plusieurs lacs.... Dans l'un de ces lacs
on enfonce une perche, à l'extrémité
de laquelle est attachée une branche
de myrte ; on retire ensuite cette
branche avec de la poix qui a l'odeur
du bithume, mais qui d'ailleurs est
préférable à celle de Piérie, province
de Macédoine (1). Spallanzani y
plongea le thermomètre de Réaumur,
qui était à 24 degrés à l'ombre, et qui,
dans quelques minutes, descendit à 17.

Les habitans actuels de Zante prétendent que ce goudron n'a pas assez
de consistance pour être employé seul ;
ils le mêlent avec le goudron résine,
et se servent de ce mélange pour cal-
fater leurs vaisseaux.

De la plaine de Chierri, nous nous

---

(1) Liv. 4, pag. 195.

transportâmes au village d'Aggala, situé dans les montagnes au midi de l'île, à deux milles de la mer. Un des habitans de ce village se préparait à partir pour la pêche, ou plutôt pour la chasse des veaux marins. Nous étions venus pour en être témoins. Il nous conduisit au bord d'un précipice qui me rappela les beaux rochers de Douvres où l'on cueille le samphire.

> Half way down,
> Hangs one that gathers samphire, dreadful trade,
> Methinks he is no bigger than his head (1).

Le montagnard Zantiote, semblable à l'intrépide moissonneur de samphire, se lie à une grosse corde qu'il attache à un tronc d'arbre, et il se laisse glisser le long du précipice jusqu'à l'entrée des cavernes qui sont au bord de la mer, et qui servent de retraite aux veaux marins. Peu de temps.

_____

(1) Shakespeare ; Kinglear, acte 4, scène 6.

après, il remonte avec la peau d'un de ces animaux, et un paquet de graisse d'une odeur insupportable.

Après avoir eu tant de fois occasion d'admirer l'exactitude d'Homère dans ses immortels tableaux du ciel et de la terre, je trouve ici celle de lui rendre hommage, comme au *véridique vieillard* qui connaît aussi les abîmes de l'Océan.

Lorsque Ménélas raconte à Télémaque comment il fut arrêté pendant vingt jours dans l'île de Pharos, il lui dit : « Ces lieux sont habités par l'im-
« mortel Protée, l'oracle de l'Egypte
« et le pasteur de Neptune. Quand le
« soleil est parvenu au milieu de la
« voûte céleste, ce Dieu conduit par
« le zéphir, sort de la mer, et som-
« meille au bord des grottes fraîches
« et profondes. Autour de lui se range
« toute la race de la belle Halosydné,
« le peuple des phoques venus du sein
« de l'onde écumeuse, et répandant

« au loin la pénétrante odeur de la
« mer profonde.... Idothée avait ap-
« porté la dépouille de quatre pho-
« ques, et nous en avait couverts....
« L'horrible vapeur de ces animaux ,
« nourris au fond des mers, nous suf-
« foquait.... Qui peut en effet sup-
« porter de dormir auprès d'un pho-
« que ? Mais la déesse prévint notre
« perte ; elle approcha de nos narines
« un peu d'ambroisie dont le parfum
« céleste nous ranima , et anéantit
« l'effet de ce poison ».

Τειρε γαρ αινως
φωκαων αλιοτρεφεων ολοωτατος οδμη.
τις γαρ αν ειναλιω παρα Κητει κοιμηθειη.

CHAPITRE V.

Voyage de Zante à Saint-Nicolas de Cérigo.

A NOTRE retour d'Aggala , nous montâmes à la forteresse voisine de la ville de Zante , et d'où l'on a une des plus belles vues qu'il y ait au monde.

Au couchant, nous apercevions une plaine immense couverte de vignes et d'oliviers. Au nord , s'élevaient les montagnes de Céphalonie ; à l'est, le port, la ville ; et de l'autre côté du canal, Chélonite (1) , le Castrotornèse, petit fort situé sur les hauteurs de l'Elide.

Le 26 septembre au matin , nous

____

(1) *Chélonites sinus.*

appareillâmes par un vent très-frais. En passant près du promontoire Scoppo, nous saluâmes de trois coups de canon, la Madone qu'on y révère, afin d'obtenir d'elle un heureux voyage. Bientôt nous atteignîmes l'embouchure de l'Alphée. Combien je regrettais de ne pouvoir aborder en cette heureuse Elide où aucun soldat étranger ne pouvait pénétrer sans déposer ses armes à la frontière, et que toutes les nations de la Grèce avaient mise sous la sauve-garde de Jupiter ! Quel plaisir j'aurais éprouvé à parcourir l'Altis, ce bois sacré qui renfermait tant d'objets dignes d'admiration ! Peut-être aurais-je découvert les ruines du stade, du théâtre, de l'hippodrôme. Je me plaisais même à croire, avec Winkelman, qu'en creusant cette terre sacrée, il n'aurait pas été impossible d'y retrouver quelque chef - d'œuvre de ce Phydias dont le génie échauffé par les poésies d'Homère, sut ajouter un nouveau motif au respect des peuples, en leur rendant sensible la majesté du Dieu qu'ils adoraient.

Mais déjà nous étions parvenus à la hauteur des îles Strophades, séjour des harpies et de la cruelle Cæleno.

Strophades græco stant nomine dictæ,
Insulæ Ionio in magno quas dira Cæleno,
Harpiæque colunt aliæ.

Ces îles étaient autrefois occupées par des pirates, qui étaient le fléau du navigateur; elles le sont aujourd'hui par des moines grecs qui lui offrent un asile et le reçoivent avec hospitalité.

Nous passâmes ensuite assez près de Pylos pour pouvoir distinguer le mont Ægalée et l'île de Sphacterie, célèbre par la victoire que les Athéniens y remportèrent contre les Spartiates.

La nuit suivante, le vent devint plus frais, et le 27 au matin, nous nous trouvâmes en face du golfe de Coron (1), à l'entrée duquel nous vîmes les îles Caprera, Sapienza et Venetico. Au fond de ce golfe on trouve l'embouchure du Pamisus, et ces campagnes fertiles si souvent arrosées du sang des Messéniens. Ce peuple aimable jouissait depuis plusieurs siècles, d'une tranquillité profonde sur une terre qui suffisait à ses besoins, et sous les douces influences d'un climat heureux. Il était libre ; il avait des lois sages, des mœurs simples, des rois qui l'aimaient et des fêtes riantes qui le délassaient de ses travaux. Les féroces Spartiates, plus jaloux sans doute de son bonheur qu'animés du sentiment d'une juste vengeance, jurèrent sur les autels, de ne point déposer les armes qu'ils ne l'eussent asservi. Ils en triomphèrent, et leur triomphe les couvrit d'un éternel opprobre.

____

(1) *Messeniacus sinus.*

Près de l'embouchure du Pamisus, est le port de Calamatia, dont les habitans désignés par les autres peuples de l'Archipel, sous le nom de *mavra matia* (hommes aux yeux noirs), passent pour être les dignes successeurs des brigands de Lacédémone.

Le même jour à midi, nous étions près du cap Matapan (1). Je pris la hauteur méridienne du soleil, qui me donna 36 deg. 35 min. 37 sec. pour la latitude du cap.

Les deux jours suivans nous suffirent pour doubler l'île de Cérigo, le cap Sant'Angelo (2) et atteindre le golfe de Napoli. Les vents alors ayant tourné au nord-est, *Graeco levante*, nous louvoyâmes pendant une nuit entière entre trois écueils infiniment dangereux, Bella-Pola, Falconera et

____

(1) *Tenarium promontorium.*

(2) *Malœa promontorium.*

Caravi. Le 29 , au coucher du soleil ,
nous étions à la hauteur de Saint-
Giorgi d'Albora. Toutes nos voiles
étaient dehors , lorsqu'un éclair sil-
lonnant un épais nuage qui bordait
l'horizon , fut comme le signal d'une
des plus affreuses tempêtes qu'on ait
jamais essuyées dans l'Archipel. L'impétuosité des vents nous met dans
l'impossibilité de serrer nos voiles. Le
pilote s'efforce de virer de bord , le
timon n'obéit pas : le vaisseau , chargé
du poids de ses voiles, s'incline ; il est
sur le point de chavirer. Nous restons
plusieurs heures dans l'incertitude de
notre sort. Enfin l'on propose de cou-
per le mât d'artimon ; le mât tombe ;
il blesse le capitaine dans sa chute et
le met hors d'état de commander.
Cette manœuvre dont on attendait le
salut du vaisseau , ne change rien à
son danger. Le timon continue de
résister aux efforts du pilote. Nous
étions tous assemblés dans la chambre

du conseil ; un officier vient annoncer qu'il n'y a plus d'espérance ; la pâleur de la mort a déjà couvert tous les visages ; l'ambassadeur seul est calme dans ce moment terrible ; ses traits ne sont point altérés : il console et encourage tout ce qui l'environne ; il paraît avoir oublié son propre malheur pour ne songer qu'à celui des autres.

Un affreux silence régnait sur le pont du vaisseau ; les matelots avaient abandonné la manœuvre ; on n'entendait plus leurs cris. Un des domestiques de l'ambassadeur se précipite dans la chambre en poussant un cri de désespoir ; ce malheureux semblait venir chercher son salut dans les bras de son maître.

Enfin les voiles cèdent à la rage des vents ; elles se déchirent. La misaine est la seule qui reste entière. Les matelots reprennent courage ; ils la serrent, et après avoir mis le vaisseau en travers, ils le laissent errer au gré du vent.

Nous avions encore huit heures à attendre pour arriver à l'aube du jour. Les vents nous chassaient au sud-ouest au milieu des écueils ; nos officiers avaient perdu leur point pendant le long intervalle du danger. Trompés par la fausse lueur des éclairs, ils croyaient à chaque instant apercevoir la terre et les rochers ; ils appelaient alors à grands cris les matelots, qui, toujours retenus à fond de cale par la peur, se préparaient au pillage.... Qui croirait l'homme capable de méditer le crime au bord de l'abîme ?... C'est ce qui arrive souvent dans les naufrages ; le matelot se fiant sur son adresse et sur sa bonne fortune, espère échapper à la fureur des flots et gagner le rivage. Mais il ne veut pas y arriver les mains vides ; il pille son officier, son bienfaiteur, son ami ;.... il fait violence à la passagère éperdue....

Après avoir combattu pendant toute
la nuit contre les vents, la mer et les
écueils, à la première lueur du cré-
puscule, nous aperçûmes un rocher
contre lequel nous allions nous briser,
si la lumière bienfaisante du jour avait
tardé quelques momens de plus à nous
éclairer. Ce rocher était la *Falconera*.
L'officier qui, au commencement de
la tempête, avait coupé le mât d'artimon, fut ici une seconde fois le sau-
veur du vaisseau. Les courans nous
portaient sur l'écueil avec une violence
qui paraissait invincible. Fabrice,
(c'était le nom de ce brave jeune
homme) par le seul ascendant du courage et du génie, avait pris le commandement pendant la tempête ; il
s'était emparé de la place du chef, sans
y avoir été appelé, et sans qu'aucun
de ceux qui pouvaient y avoir des
droits eussent songé à la lui disputer...
Il ordonne une manœuvre ; on obéit,
et l'écueil est évité... C'est dans ces

parages même que Ménélas manqua
de faire naufrage à son retour de
Troye. « Un vent impétueux l'avait
« porté jusqu'au promontoire de Ma-
« lée ; mais le Dieu du tonnerre qui
« multipliait les infortunes sur la
« route de ce prince, déchaîna les
« vents contre sa flotte ; il roulait au-
« tour d'elle des vagues énormes et
« semblables à de hautes montagnes ;
« ses vaisseaux furent dispersés ; la
« plupart furent poussés vers l'île de
« Crête où les Cydoniens habitent les
« bords du fleuve Jardan ».

Pendant toute la nuit, nous avions
lancé des fusées et fait des signaux aux
vaisseaux qui profitaient de notre escorte ; aucun d'eux n'y avait répondu.
Nous aperçûmes, au jour, le vaisseau
de guerre vers le promontoire Malée ;
les vaisseaux marchands avaient disparu. On nous apprit dans la suite
que les uns s'étaient réfugiés aux îles

de Milo, et les autres en Crête. Nous
mîmes la proue sur l'île de Cérigo, et
nous mouillâmes dans le port de Saint-
Nicolas.

CHAPITRE VI.

Séjour à l'île de Cérigo.

Étant une fois à l'abri de la tempête, nous oubliâmes bientôt les dangers que nous avions courus ; le nom de Cythère réveillait d'ailleurs dans nos esprits des idées riantes. C'est-là que subsista jadis avec éclat le plus ancien et le plus respecté des temples consacrés à Vénus ; c'est-là qu'elle se montra pour la première fois aux mortels, et que les amours prirent avec elle possession de cette terre embellie par les fleurs, qui se hâtaient d'éclore sous ses pas. Dans cette région fortunée, on connaissait alors le charme des doux entretiens et du doux sourire (1). Les habitans passaient leurs jours dans l'abondance et les plaisirs. Que

____

(1) Hésiode. Théog. v. 198 et 25.

les lieux et les tems sont changés!
Les habitans de Cérigo mangent aujourd'hui des figues et du miel : ils
recueillent un peu de vin , et vivent
de leur pêche ; mais ils n'obtiennent
rien de la terre qu'à la sueur de leur
front , et s'il est vrai que la déesse des
Amours ait descendu dans cette île,
il faut croire avec Hésiode , qu'elle
n'a pas tardé à s'enfuir bientôt dans
les bois de Paphos.

Cythère est une île aride , sauvage
et presqu'inhabitée ; les écueils dont
elle est environnée, vus à une certaine
distance, n'offrent qu'une réunion in-
forme de montagnes et de rochers ,
qui se pressent et s'élèvent tumul-
tueusement en forme d'angles et de
pointes aiguës ; leur couleur domi-
nante est d'un rouge plus ou moins
foncé, d'un bleu plus ou moins clair.
N'est-ce pas cette variété de couleurs
éclatantes qui en aura imposé aux
écrivains de l'antiquité? N'est-ce pas

pour ennoblir l'île consacrée à la reine des Amours, qu'ils ont célébré les porphyres qui la décoraient?

Les cailles voyageuses s'y rassemblent en grand nombre vers la fin de l'été; et elles partent de cette île au commencement de l'automne, pour se porter directement sur les côtes brûlantes de l'Afrique. Les tourterelles s'y arrêtent plus long-tems, mais plutôt pour y prendre du repos et y recouvrer leurs forces, que pour y chercher la nourriture qui leur convient.

Le port de Saint-Nicolas, dans lequel nous étions mouillés, est à 18 milles de la ville de Cérigo et de l'ancien port de Scandée, où les Lacédémoniens entretenaient une garnison, et où ils envoyaient tous les ans un magistrat, comme les Vénitiens l'ont fait de nos jours.

A peine y avions-nous jeté l'ancre, que nous y vîmes arriver notre vaisseau de guerre, et plusieurs autres petits bâtimens de différentes nations, qui, tous maltraités par la tempête, venaient y chercher un asile. Une saïque turque (1) qui portait à sa destination le cadi de Napoli et son harem, vint mouiller près de nous. L'ambassadeur lui envoya aussitôt son drogman pour le complimenter, lui offrir ses services, et lui demander des nouvelles de Constantinople. Le drogman fut très-bien accueilli; mais il ne put apercevoir aucune des femmes. Une grande voile étendue d'un bord à l'autre du vaisseau, les dérobait aux yeux de l'équipage.

Comme les vaisseaux marchands qui étaient sous notre escorte, et que nous avions perdus de vue pendant la tempête, ne reparaissaient point, l'ambassadeur commença à concevoir des inquiétudes sur leur sort; et il

____

(1) Cette saïque avait aussi été poussée jusqu'à Cérigo par la tempête du 29.

résolut d'envoyer des chaloupes à leur recherche dans les ports voisins. Je profitai de l'occasion pour observer les côtes de Laconie. Le moindre rocher dans la Grèce est digne de la curiosité du voyageur. Nous laissâmes à droite le promontoire de Malée, dont l'aspect seul faisait pâlir les matelots. Nous entrâmes dans l'embouchure de l'Eurotas, dont les eaux sont encore aujourd'hui couvertes de cygnes, et les bords ornés de bosquets de myrte et de laurier. Nous relâchâmes ensuite dans le port appelé *Kalo-Ghitia*, l'ancien Githion, où les Lacédémoniens réunissaient leur marine militaire et marchande. De là, nous passâmes au cap Matapan. Ses rochers escarpés s'élèvent sous la forme d'une haute pyramide : sa base est creusée et noircie par la fumée de ces anciens volcans, qui ont peut-être englouti l'espace qu'occupe aujourd'hui le golfe de Laconie, et par des chocs opposés soulevé l'île de Cythère du sein des flots. Les mythologues ont placé ici les portes de l'enfer. On voyait sur ce promontoire le temple de Neptune, environné d'une épaisse forêt de sapins, où régnait une obscurité mystérieuse, un horrible silence, qui n'était interrompu que par les mugissemens des vagues et par les cris lugubres des matelots, que la tempête avait jetés sur les écueils du Ténare.

Pendant que nous parcourions ainsi les rivages de Laconie pour y chercher nos malheureux compagnons de voyage, d'autres chaloupes avaient été expédiées pour le même objet vers les îles de Milo. Nous revînmes tous au mouillage, sans avoir obtenu aucun renseignement sur leur sort. Spallanzani commença alors ses courses scientifiques dans l'île de Cérigo ; je l'accompagnai par - tout ; j'assistai à toutes ses découvertes, et

je l'entendis expliquer les phéno-
mènes, à mesure qu'ils se présentaient
à ses yeux.

Tout concourt à prouver que le sol
de Cérigo a été soumis à la fureur
des volcans. J'y ai observé trois cra-
tères qui paraissent avoir vomi des
flammes. On y trouve par-tout des
laves et des pierres-ponces adhérentes
aux montagnes et aux rochers. Ce
qu'il y a de surprenant, c'est qu'au
sein des matières volcaniques qui
composent cette île , on rencontre
des coquillages qui n'ont éprouvé
aucune altération du feu. Ceux qu'on
y voit en plus grand nombre, sont les
ostracites et les peignes. Les valves des
peignes ne sont point unies, comme
lorsque leur cavité était habitée par
l'animal ; celles des ostracites sont
étroitement liées l'une à l'autre.

Comment ces coquillages se sont-
ils maintenus intacts dans des pierres
volcanisées? Comment l'action du feu

a-t-elle pu altérer les terres et les pierres, jusqu'à leur faire subir un certain degré de vitrification, sans agir sur la dépouille calcaire de ces animaux ? Spallanzani avouait l'impuissance où il était de résoudre ce problême. Il nous proposait ainsi ses doutes.

Supposons, dit - il, que l'île de Cythère soit sortie du sein des eaux par l'action des volcans ; les coquillages qui se trouvaient alors au fond de la mer, auront été soulevés avec l'île elle - même ; le feu n'aura pu les frapper d'aucune altération sensible , parce que la force de son action aura été amortie par la colonne d'eau qu'ils avaient à traverser ; mais il aura continué d'agir dans les parties internes, et à élever l'île jusqu'à une certaine hauteur. Peut - être ces coquillages étaient-ils déjà pétrifiés, lorsqu'ils ont été élevés avec l'île au-dessus du niveau de la mer ; peut-être ont-ils passé à l'état de pétrification avec le tems, et par le mécanisme ordinaire.

La mer qui environne l'île de Cérigo, n'offre point de coquillages analogues à ceux-ci ; il faut en conclure que l'espèce en est éteinte, ou qu'ils y avaient été transportés par les courans. Les naturalistes ne manquent pas de faits qui prouvent que les poissons ou les coquilles qu'on trouve en état de pétrification, dans les Alpes et ailleurs, n'ont plus leurs analogues dans les mers qui baignent l'Europe, et qu'il faut les aller chercher jusques dans la mer du Sud.

A 2 milles du port de Saint-Nicolas, près d'un lieu appelé *Bruela*, les habitans de Cérigo montrent une grotte spacieuse, qu'ils prétendent avoir été long-tems habitée par Sainte-Sophie. L'ouverture de la grotte forme un triangle rectangle, dont l'angle droit est au sommet. La base qui est la largeur de la première salle, est de seize

pieds. Au-delà de l'entrée elle s'élargit
jusqu'à soixante et douze pieds, et sa
longueur est à-peu-près égale à sa
largeur. Au fond de cette salle on voit
un autel placé à l'endroit même où l'on
a, dit-on, retrouvé le corps de la sainte.
On monte un peu pour arriver dans
la seconde salle, qui est remplie de
stalactites et de stalagmites. Deux
énormes colonnes semblent en soutenir la voûte : l'une d'elles sort de
terre, sous la forme d'un tronc d'arbre, qui se divise ensuite en différens
rameaux.

La troisième salle sert de retraite à
une quantité prodigieuse de chauve-
souris.

Vers le milieu de l'île, et assez près
de la mer, on trouve encore un objet
bien remarquable et bien digne d'attirer l'attention du voyageur : c'est
une montagne en forme de cône tron-
qué, dont les rochers sont parsemés
d'ossemens. On y voit des phalanges,

des fragmens de radius et de tibia. Ces os sont d'une couleur très - blanche, ils ne sont point calcinés, mais totalement pétrifiés ; ils ont le poids et la dureté de la pierre.

Quel est donc l'agent physique qui les a transportés en aussi grande quantité sur cette éminence ? Comment s'est exécutée leur accumulation extraordinaire ? L'opinion générale est que ce lieu fut autrefois un cimetière du pays, ou un champ de bataille des Turcs. Ils l'appellent *Turco - Vouny*, la Montagne des Turcs. Mais le nombre de ces ossemens surpasse celui que pourrait fournir la cité la plus populeuse. D'ailleurs, si cette opinion accréditée parmi les insulaires était fondée, il s'ensuivrait que le degré de pétrification ne serait pas égal par - tout, puisque les cadavres auraient été enterrés en divers tems. Mais, les ossemens dont il s'agit, sont tous également pétrifiés ; ils ont donc été accumulés à la même époque, sans qu'on sache par quelle cause ce phénomène s'est opéré.

Spallanzani manifesta son incertitude sur la cause de la formation de cette montagne, mais il resta convaincu qu'elle était composée d'ossemens humains. Quant à moi, après l'avoir parcourue et observée dans tous les sens, je n'y aperçus rien qui justifiât l'opinion de ce naturaliste. Je serais plutôt porté à croire que ces ossemens ont appartenu à des cétacées. Ælien nous apprend en effet qu'on trouvait aux environs de l'île de Cythère une grande quantité de dauphins, dont les nerfs étaient employés à faire des cordes de luth et des arcs d'une excellente qualité. Le squelette du dauphin, dit Belon, ressemble à celui de l'homme. Ses bras et avant-bras, quoique très-courts, ont les mêmes ossemens que ceux de l'homme. Il a vingt-quatre côtes, un sternum, des omoplates, des clavicules, enfin, une espèce de main composée aussi de cinq doigts avec des articulations.

N'est-il pas très-naturel de supposer que ces animaux, sacrés pour les anciens habitans de l'Archipel, comme ils le sont encore pour les modernes, se multipliant d'une manière prodigieuse dans ces mers, et vivant dans une espèce de société, aient péri dans le même lieu par un accident de la nature ; qu'ils y aient été pétrifiés dans les sables, et que le rocher qui renfermait leurs ossemens ait été, après des siècles, soulevé par le même volcan qui fit paraître au - dessus des eaux les ostracites et les peignes dont ils sont environnés ?

CHAPITRE VII.

Voyage de Cérigo à Athènes.

Nos officiers se félicitaient de ce que le vaisseau n'avait point éprouvé d'accident dans un mouillage qu'ils regardaient comme un des plus dangereux de l'Archipel, parce qu'il est exposé à presque tous les vents, et que le fond est un rocher glissant où l'ancre n'a point de prise.

Le 8 octobre, nous mîmes à la voile, résolus d'aller faire des provisions fraîches à l'île de Crête. A peine étions-nous sortis du port, que la chaîne du mont Ida s'offrit à nos yeux. Elle occupe, au milieu de l'île, un espace de vingt-deux lieues ; et l'île entière a près de cent lieues de longueur, d'occident en orient.

Les vents de sud-est nous éloignant toujours de la Crète, nous louvoyâmes pendant toute cette journée en attendant qu'ils devinssent favorables. L'ambassadeur fit alors distribuer des récompenses aux officiers et aux matelots qui avaient montré le plus de zèle et de courage dans la tempête du 29. La liste qui lui fut présentée, contenait les noms de tous les braves, excepté celui de Fabrice, qui deux fois avait sauvé le vaisseau. Des réclamations s'élevèrent de toutes parts en sa faveur; il fut fait lieutenant.

Les vents tournèrent bientôt au sud; nous renonçâmes alors au projet d'aller en Crète, et nous fîmes route vers le cap Colonne, où nous arrivâmes deux jours après notre départ de Cérigo.

Le mouillage ordinaire des vaisseaux de ligne est entre l'île Longue (1) et

____

(1) Ainsi traduisons-nous le nom grec mo-

le continent de l'Attique ; mais notre capitaine, je ne sais pour quelle raison, nous conduisit dans l'ancien port *Sunium*, qui est situé à l'ouest du cap. Pendant tout le temps que nous fûmes à l'ancre dans ce port, il ne se passait pas un jour que nous n'allassions visiter les ruines du temple de Minerve-Suniade.

Je donnai le conseil d'y faire une fouille ; l'ambassadeur mit à mes ordres une compagnie d'Esclavons. On pénétra jusqu'au pavé du temple, à travers les décombres dont il était couvert, sans trouver une seule inscription ni un seul bas-relief. Les Esclavons ayant soulevé quelques pierres de ce

___

derne, *Makro-nissi*, lequel ne représente lui-même que l'ancien nom grec *Makris*. D'après cette dénomination epithétique, des géographes, d'ailleurs habiles, ont pu confondre l'île Longue avec l'ancienne Eubée, à qui une pareille dénomination convient encore mieux.

pavé, aperçurent des squelettes humains, et cessèrent aussitôt la fouille,
de crainte de violer l'asile des morts.

Il est probable qu'au temps du Bas-
Empire, le temple de Minerve devint
un temple chrétien. A cette époque,
on ne croyait les tombeaux à l'abri
de la profanation, que quand ils
étaient placés dans l'intérieur des
temples.

Nous n'étions alors qu'à dix lieues
d'Athènes ; l'ambassadeur désirait vi-
vement pouvoir jeter au moins un
coup-d'œil sur cette ville célèbre. Spallanzani l'excitait de toutes ses forces à
entreprendre cet intéressant voyage :
mais les vents pouvaient devenir favorables d'un moment à l'autre ; il
craignait de manquer à son devoir en
retardant son arrivée à Constantinople.
Le mouillage d'ailleurs n'était pas sûr ;
cédant néanmoins à nos instances, il
se décida à faire expédier une lettre
au consul de France à Athènes, pour

le prier de lui envoyer un certain nombre de chevaux ; les officiers chargés de porter cette lettre au village voisin , revinrent effrayés , en disant que les habitans ne leur avaient pas permis de mettre pied à terre.

Ils nous peignaient l'Attique comme le pays des Lestrigons. « Ses rivages « étaient bordés d'un peuple de géans « qui faisaient pleuvoir sur eux les « cailloux et les balles ». Je vis clairement que notre expédition scientifique n'entrait point dans leurs vues , et je demandai à l'ambassadeur la permission de porter moi-même sa lettre au consul d'Athènes. Il s'y opposa d'abord avec une obstination qui provenait de son extrême bienveillance pour moi, et de la crainte des dangers que je pouvais courir ; enfin il y consentit , à condition que je prendrais pour m'accompagner , un de ses matelots qui parlait également le grec vul-

gaire et l'italien; mais il me prévint,
quand je pris congé de lui, qu'il serait
forcé de mettre à la voile et de partir
sans moi, si les vents devenaient favorables avant mon retour.

Le matelot qu'on avait choisi pour
mon guide, était né dans l'île de Zante;
c'était un jeune homme d'une grande
taille. Il avait, comme la plupart des
Grecs, les cheveux noirs et crépus,
l'œil d'un noir foncé, et la physionomie assez équivoque; mais le sentiment du danger n'était pas celui qui
dominait alors dans mon ame. Je
voyais Athènes à trente milles de moi;
je n'étais occupé que de mon bonheur
et de l'espoir de le partager avec mes
compagnons de voyage.

D'après le rapport des officiers du
vaisseau, je devais m'attendre à être
bientôt attaqué par les habitans du
pays, et j'avais, à tout événement,
partagé mes armes avec mon guide.

Le premier homme que j'aperçus

après un quart-d'heure de marche dans les montagnes de Laurium, était un jeune berger chaussé de cothurnes, et exactement vêtu à la manière des anciens Grecs. Il s'avança vers moi de la manière la plus gracieuse, pour m'offrir du miel. Les abeilles, me dit-il en me montrant ses ruches, se plaisent infiniment sur nos montagnes; c'est le serpolet et le thym qui les y attirent:... Un peu plus loin, à l'endroit appelé *Allegrana*, je trouvai la maison d'un caloyer, entourée de deux ou trois chaumières. Ce prêtre m'accueillit avec autant d'hospitalité que le berger. Il me montra, près de sa maison, un petit verger où il cultivait des légumes, des fleurs, et où je vis aussi beaucoup de ruches à miel.

Après six lieues de marche, j'arrivai au village de *Keratia*. On y célébrait une noce; les deux jeunes époux n'étaient pas âgés de plus de quinze ou seize ans. On nous invita, mon guide et moi, au dîner qu'on venait de servir ; la table était couverte de viandes, de sucreries et de raisins ; les convives étaient richement habillés ; le caloyer était au haut de la table ; les femmes, séparées des hommes, entouraient la jeune épouse. Lorsqu'il arrivait un convive ou un étranger, les deux époux lui prenaient la main, la baisaient et la portaient à leur front d'un air affectueux et modeste.

Un capitaine italien dont le vaisseau était à *Porto Rafti*, mouillage situé près de là sur la côte orientale de l'Attique, était venu par hasard à Keratia pour y chercher des vivres. Comme il connaissait mieux que moi les mœurs du pays, il me conseilla d'offrir quelques pièces d'argent au caloyer. J'hésitai long-temps à le faire, parce que je craignais d'offenser sa délicatesse, et de commettre une in-discrétion ; je me trompais. Dans les

mœurs orientales, un présent, quel
qu'il soit, est une marque de bienveillance, un souvenir qui réjouit le cœur,
qui excite la reconnaissance , et n'hu-
milie personne.

. . . Εμεθεν μεμνημενος ηματα παντα.

« Je te ferai des présens , dit Mé-
« nélas au fils d'Ulysse , et tu te sou-
« viendras de moi toute ta vie. »

Je pris , à Keratia , des chevaux et
un guide pour me conduire à Athènes.
A peine étions-nous sortis du village ,
que ce guide montra de l'incertitude
sur la route qu'il devait suivre. Il m'apprit qu'il y avait un commandant turc
campé près de là avec quatre cents
hommes, et qui cherchait à entrer de
force dans Athènes. Il eût été dangereux de rencontrer cette troupe ; nous
fûmes assez heureux pour l'éviter. En
effet, à mon arrivée à Athènes, vers
le milieu de la nuit, je trouvai toutes
les portes de la ville fermées, et des

feux allumés d'espace en espace autour des murailles. Les gardes avancées me questionnèrent ; je me réclamai du consul de France ; on me conduisit chez lui avec une escorte, et il m'apprit aussitôt le motif de cette petite guerre. « Le commandant, dit-il, qui cherche à pénétrer dans Athènes, est envoyé par le pacha de la province ; mais les habitans, satisfaits de celui qui les gouverne, veulent le maintenir en place, et sont résolus à repousser tous ceux qu'on leur enverra. Vous voyez, ajouta-t-il, que ce peuple conserve encore le souvenir de ses anciens privilèges (1). »

____

(1) Les priviléges actuels d'Athènes, lui ont été donnés au dix-septième siècle, par le Grand-Turc, devenu amoureux d'une petite Athénienne, enfant de tribut, ainsi que l'a raconté Guillet, et après lui Volney.

CHAPITRE VIII.

Voyage d'Athènes au cap Sunium, par la Paralie.

Après avoir pris quelques heures de repos, je repartis d'Athènes avec une douzaine de chevaux et des guides, pour retourner au cap Colonne chercher l'ambassadeur et sa suite.

J'étais venu à Athènes par l'intérieur des terres que les Grecs modernes appellent *Messoghia*. Je retournai au cap en suivant la côte maritime que les anciens appelaient *Paralie*.

Il était une heure de nuit lorsque j'arrivai à la demeure du caloyer ; je le trouvai assis au milieu d'une troupe d'Albanois armés, et de jeunes femmes occupées à égrainer du coton. Capitaine, me dit-il, voilà les restes de la moisson que les matelots de votre équipage ont dévastée avant de mettre à la voile. Ce début n'était pas rassurant. Je devais craindre que ces malheureux ne se vengeassent sur moi du dommage que mes compagnons venaient de leur causer. Mais je fus bientôt rassuré : en m'apprenant le départ du vaisseau, ils me plaignaient d'avoir été ainsi abandonné sur le rivage, et s'empressaient de me donner des marques d'hospitalité.

Il ne me restait plus d'autre parti à prendre que de retourner à Athènes. Cependant comme les vents n'avaient pas été très-favorables depuis que le vaisseau avait mis à la voile, je supposai qu'il ne devait pas être encore fort éloigné, et que peut-être il n'avait quitté le mouillage de Sunium, que pour en chercher un plus sûr dans le voisinage. Je montai donc aussitôt sur le sommet du cap, afin d'observer le lendemain au point du jour, si je ne l'apercevrais pas dans la rade de l'île Longue, ou dans les environs de l'île de Zea.

Le ciel était pur ; les étoiles brillaient de leur éclat ordinaire dans ces beaux climats ; l'air était embaumé du parfum des plantes aromatiques. Je m'étends sur les marches du temple de Minerve, et je m'endors au bruit des vagues qui venaient se briser au pied du cap.

Lorsque le soleil parut sur l'horizon, et qu'il frappa de ses premiers rayons les sommets de l'île de Zéa, et les colonnes antiques au pied desquelles j'étais assis, un mouvement d'enthousiasme s'empara de mon ame ; le spectacle de la mer, le chant des oiseaux, les bois touffus (1) dont ces belles

____

(1) Dans la tragédie d'Ajax furieux, le chœur des Grecs exprime ainsi ses regrets de la mort de ce héros :

« Auparavant du moins, le brave Ajax me

ruines sont entourées, l'Attique enfin, l'Attique et ses grands souvenirs, tout semblait concourir à m'exalter l'imagination. Je jouissais par toutes les facultés de mon ame. A ma gauche, au pied du cap, était l'île de Cranaé, où Pâris reçut les premières faveurs d'Hélène. (1) J'avais à ma droite, l'île de Patrocle et le port Sunium, autrefois une des plus fortes places des Athéniens. Un canal étroit

---

« servait de rempart contre la crainte et les
« traitres ; maintenant un démon ennemi l'a fait
« périr : que ne suis-je sous l'ombrage des *bois*
« qui couronnent le promontoire de Sunium
« battu par les flots, pour y adresser ma prière
« à Minerve. »

Ajax furieux, *trag. de Soph. acte* 4, *scène* 7.

« (1) Telle est la volonté de Jupiter, disent
« les Dioscures à Hélène; le lieu où le fils de
« Maïa se reposa avec toi, en t'enlevant de
« Sparte, lorsqu'il descendit des cieux pour dé-
« rober ton corps à l'amour de Pâris, cette île

me séparait de l'île de Zea (1). A une grande distance vers le nord, j'apercevois l'île d'Andros et la pointe méridionale de l'Eubée.

C'est ici, me disais-je, qu'abordèrent Ménélas et Nestor, unis d'une intime amitié, lorsqu'à leur retour de Troye, ils voguaient ensemble vers les rivages de leur patrie. C'est ici qu'Apollon perça de ses flèches invisibles, le fils d'Onetor Phrontis, supérieur à tous les hommes dans l'art de guider un navire pendant la tempête. Dès-lors sans doute quelque Divinité avait un temple sur ce promontoire, puisqu'Homère l'appelle la *pointe sacrée* de l'Attique.

« qui domine sur les côtes de l'Attique, prendra
« désormais le nom d'Hélène, parce que c'est
« dans cette retraite que le dieu te cacha, lors-
« qu'il t'eut enlevée du palais de ton époux. »

Hélène, tragédie d'Euripide, acte 5, scène 3.

(1) L'ancienne Céos.

Peut-être Ménélas et Nestor ont-ils foulé les marches sur lesquelles j'ai reposé cette nuit ! peut-être ont-ils touché de leurs mains la colonne sur laquelle je suis maintenant appuyé !

C'est aussi du fond de ce vestibule que Platon, observant la tempête qui s'élevait sur l'horizon, expliquait à ses disciples la formation du monde, et leur annonçait, au bruit du tonnerre, un Dieu unique, immuable et infini.

Des pêcheurs m'ayant appris qu'ils avaient vu la veille, le vaisseau de l'ambassadeur doubler le cap d'Andros, après avoir long-temps louvoyé dans le canal qui sépare cette île de celle d'Eubée, je me disposai alors à retourner à Athènes ; et avant de me mettre en route, je voulus vérifier la singulière observation de Pausanias, sur la force de la vue des Athéniens. « Du promontoire de Sunium, dit-il, « ils distinguent jusqu'à la pique et « au plumet du casque de la statue

« colossale de Minerve, placée dans
« la citadelle d'Athènes. »

Je ne prétends pas nier que les
Athéniens et les peuples de la Grèce,
en général, n'aient été doués d'une
subtilité extraordinaire dans les orga-
nes optiques, et j'ai eu plus d'une fois
l'occasion d'en faire l'expérience. Je
sais que les habitans d'Egine voyaient
à une distance de six lieues, tous les
détails du temple de Minerve; je les
ai aperçus moi-même très-distincte-
ment de l'île de Calaurée, qui est encore plus éloignée d'Athènes que celle
d'Egine. Ce magnifique édifice s'offrait
à mes yeux sous l'aspect d'un corps
lumineux, lorsqu'il était frappé des
rayons du soleil ; mais je prétends, et
j'en appelle aux témoignages de tous
les voyageurs, que la conformation et
la hauteur des montagnes qui environnent le cap Sunium, n'ont jamais
permis à ses habitans de découvrir le
temple de Minerve.

CHAPITRE IX.

Second voyage du cap Sunium à Athènes, par la plaine de Marathon.

Platon croyait que l'Attique avait été autrefois une région fortunée où les habitans s'endormaient au sein de l'abondance, et se réveillaient à la voix du plaisir. On n'y trouvait plus, disait-il, de son temps, que des rochers nus et décharnés, de petits arbustes et des herbes rampantes, un terrain hérissé de montagnes, des vallons stériles, et des torrens que la fonte des neiges produit au printemps, mais dont on peut à peine retrouver la trace pendant l'été.

Dans les deux courses que je venais de faire à travers l'Attique, j'avais eu l'occasion d'admirer l'exactitude de Platon, et la vérité de sa description. Il me restait à chercher ces mines d'argent dont le rameau principal s'étendait du sud au nord, et dont la richesse compensait l'extrême stérilité du territoire des Athéniens.

Je quittai donc le cap Colonne, en me dirigeant vers les montagnes de Laurium et la plaine de Marathon, que je désirais parcourir avant de rentrer à Athènes.

Pendant près de deux lieues, je marchai sur des scories que je trouvais tantôt entassées par monceaux, tantôt répandues d'espace en espace à fleur de terre.

S'il faut en croire quelques écrivains, les Athéniens, ces créateurs et ces modèles de la civilisation humaine, achetaient des esclaves dans tous les marchés de l'Europe et de l'Asie; ils les précipitaient ensuite dans les entrailles de la terre pour en extraire des métaux. Là, ces malheureux accablés de chaînes, éclairés par des lampes funèbres, et entourés d'une atmosphère infecte, s'attendaient à chaque instant à voir la tombe se fermer sur leur tête. Mais ces tableaux ne sont-ils pas exagérés? La vie des esclaves n'a-t-elle pas été dans tous les temps et dans tous les lieux, sous la sauvegarde de l'avarice de leurs maîtres?

Je repassai une seconde fois au village de Keratia. Comme je voyageais alors dans ces contrées, plus à loisir que la première fois, j'observais plus soigneusement les objets qui se présentaient à mes yeux. Rien n'est indifférent pour un amateur de l'antiquité, qui parcourt les environs d'Athènes.

Je fus surpris de rencontrer au milieu de ce village, un puits construit en marbre, et dont les matériaux étaient appareillés avec la plus grande perfection. Ce monument était d'une très-haute antiquité ; j'en jugeai par la pureté de sa construction, par la beauté des matériaux qui le composaient, et par la profondeur des entailles que les cordes avaient creusées dans les pierres qui en formaient l'ouverture.

On sait que Solon fit creuser dans l'Attique des puits et des citernes, afin de faciliter les arrosemens ; il en fixa même la profondeur, car en pénétrant trop avant dans la terre, on en faisait jaillir une eau saumâtre, telle que celle qui se jette encore aujourd'hui dans la mer, entre Athènes et Eleusis.

Après avoir visité les carrières du mont Pentélique, que les Athéniens faisaient exploiter par des esclaves, comme les mines de Laurium, j'arrivai dans la plaine de Marathon. Je reconnus la position des deux armées ; je vis le lac bourbeux où se précipita celle de Darius culbutée par les Athéniens. Mes guides me firent observer plusieurs monticules de terre qu'ils appelaient des tombeaux. J'en remarquai plus particulièrement un qui se trouvait à l'entrée de la plaine du côté de Sunium, et qui me parut plus considérable que les autres : c'était celui de Miltiade. Ce héros redouté des nations étrangères ne tarda pas, après la bataille de Marathon, à devenir suspect aux factions d'Athènes. Les Athéniens l'avaient élevé si haut, qu'ils commencèrent à le craindre : ils crurent qu'il était tems de veiller sur ses vertus, ainsi que sur sa gloire. Le mauvais succès d'une expédition qu'il entreprit contre l'île de Paros, fournit un prétexte à la haine de ses ennemis. Le vainqueur de Darius fut condamné, et il expira dans les fers, des blessures qu'il avait reçues au service de l'Etat (1).

Ces terribles exemples de l'ingratitude des nations ne découragent ni

____

(1) Herodot. l. 6. cap. 136. Nep. in Milt. cap. 7.

l'ambition, ni la vertu. Miltiade ne manqua point de successeurs. Après sa mort, Thémistocle et Aristide se disputèrent bientôt la faveur de leurs compatriotes, et remplirent Athènes de leurs divisions.

On assure que le peintre Fauvel, établi dans l'Attique depuis plusieurs années, a fait creuser le tombeau de Miltiade, et a découvert les cendres et le buste de ce héros.

Je passai la nuit au milieu des tombeaux de Marathon. Pausanias dit, qu'autrefois dans ces lieux on entendait toutes les nuits le bruit des combattans et le hennissement des chevaux. On n'y entend plus aujourd'hui que les cris des jakals, espèce de loups, qui sont très-nombreux dans les montagnes de la Grèce et dans celles de l'Asie.

Le lendemain, je partis pour Athènes, où j'arrivai dans la soirée, après avoir passé le mont Brilessus et les sources du Céphise.

CHAPITRE X.

Tableau général d'Athènes et de ses environs.

C'est un bien pour un voyageur, d'avoir acquis par ses propres obser- vations, des connaissances et des émotions douces, dont le souvenir se renouvelle pendant toute sa vie; mais il est difficile de les partager. Je n'ai point le projet de décrire les monumens d'Athènes. David Leroi, Foucherot, Stuart, Cassas, Fauvel, Choiseul-Gouffier ont moissonné ce champ fertile en chef-d'œuvres. Je n'entreprendrai pas non plus d'assi- gner aux Athéniens la place qu'ils doivent occuper dans l'histoire de la civilisation humaine. M. de Paw a

quelquefois porté dans cette question
le flambeau de la saine critique; mais il
a manqué de justice quand il a rendu les
Grecs modernes, coupables de l'état d'a-
vilissement dans lequel ils sont tombés,
quand il les a accusés d'avoir resserré
de leurs mains les nœuds du bandeau
qui les aveugle , quand il les a traités
en un mot, comme un vil fardeau
de la terre , comme l'opprobre de leurs
aïeux. Le peuple est rarement coupable des malheurs qui lui arrivent :
il est toujours l'instrument aveugle
de ceux qui le gouvernent , ou l'in-
nocente victime de ses conquérans.
Si les Grecs ne sont plus aujourd'hui
ce qu'ils ont été et ce qu'ils pouvaient
être , il faut les plaindre et non pas
les outrager.

Mon unique objet est de rendre
compte des impressions que la vue
d'Athènes a produites sur mon ame ,
et de tâcher de les transmettre à ceux
qui ne les ont pas éprouvées.

Dès le lendemain de mon arrivée à Athènes, j'allai me placer sur le mont Hymète, afin d'observer l'ensemble et les dehors de la ville. Aucune des hauteurs qui l'environnent n'offrent des points de vue aussi intéressans ni aussi variés que le sommet de cette montagne ; sa situation était unique dans toute l'étendue de l'ancien monde.

Accablé par la multitude d'objets dont j'étais entouré, et plus encore par celle des souvenirs qu'ils réveillaient dans mon ame, je ne savais sur quel objet fixer mes regards, ni sur quelle époque reposer mes idées ; mes yeux étaient éblouis. Les événemens multipliés dont ces lieux ont été le théâtre, se présentaient en foule à ma mémoire, et y répandaient la confusion et le désordre.

J'aperçois à mes pieds la ville d'Athènes et sa haute citadelle. Elle est située dans une vaste plaine couverte

d'oliviers. L'Ilissus et le Céphise ser-
pentent autour de ses murailles. Au
milieu d'un amas de chaumières, je
distingue les temples de Jupiter Olympien, de Minerve, de Thésée, d'Auguste, d'Adrien, le théâtre de Bacchus, la tour des Vents, le Stade, le
monument de Philopapus, celui de
Démosthène. Je reconnais l'emplacement de l'Aréopage, de l'Odeon, des
tombeaux d'Hippolyte et de Platon,
d'Harmodius, d'Aristogiton, de Périclès, des temples de la Pitié, de la
Justice, de la Victoire, des autels
de la Pudeur et de l'Amitié. Je relève
ces monumens fameux du fond de
leurs ruines, et je les vois décorés des
chefs-d'œuvre de Zeuxis, de Parrha-
sius, de Polygnote, de Myron, de
Phidias, de Praxitèle et d'Alcamène.
Je ressuscite Eschyne et Démosthène,
Sophocle, Eschyle et Euripide, Aris-
tophane et Ménandre, Xénophon et
Thucydide, Solon, Miltiade, Thémis-

tocle, Aristide, et ce courageux Thra-
sybule qui délivra sa patrie des tyrans ;
qui, par une amnistie générale, rap-
procha deux partis acharnés, et ra-
mena la tranquillité dans Athènes. Je
vois la noble image de ce grand
homme, placée à côté de celle des
Dieux. Je me transporte en idée à ces
époques brillantes où les montagnes
et les collines de l'Attique étaient
illustrées par la présence des habitans
de l'Olympe. Je vois les Muses et les
Nymphes danser avec grâce et légèreté sur les bords de l'Ilissus, et j'y
cherche l'endroit où Borée enleva la
belle Orithye. Euripide me rappelle
que Vénus se désaltéra dans les eaux
du Céphise, et que cette déesse, toujours reconnaissante, envoya aux
Athéniens le souffle le plus pur des
zéphyrs, et l'haleine même des Amours
qui forment son cortège.

C'est entre les rives de ces deux

fleuves, que les philosophes d'Athènes avaient fixé leur demeure ; celle de Platon était au nord, celle d'Aristote était au sud. Au centre, habitait Epicure, ce philosophe aimable qui avait placé le bonheur au sein de la vertu. Ses disciples avaient pour leurs défauts mutuels, une indulgence inconnue au reste des hommes. Jamais on ne vit de sectaires moins intolérans, moins turbulens, moins jaloux. Une allée d'oliviers, un bosquet de myrte y séparait les systêmes, et servait de limite au règne de l'opinion.

A mes pieds était le Lycée sur le bord de l'Ilissus, en face de la porte Diocharis. Le Cynosarge était au bas du mont Anchesme, sur la route de Marathon. Plus loin, vers le nord, s'élève la colline où Sophocle passa sa vie, et où il plaça la scène d'OEdipe. Un peu en-deçà de cette colline, les jardins de l'académie s'étendaient sur les bords du Céphise : les eaux de ce fleuve y formaient mille ruisseaux qui rafraîchissaient l'air, et coulaient à l'ombre des platanes. Le Céramique était entre l'académie et le temple de Thésée. J'arrête mes regards sur le cimetière sacré où reposent les cendres de tant d'hommes illustres dans les sciences, dans la guerre et dans l'art le plus difficile de tous, celui de gouverner.

A l'ensemble imposant de ce magnifique tableau, se joignait autrefois le mouvement continuel des vaisseaux qui se rendaient au Pirée : mais le golfe Saronique dont les eaux se dérobaient alors sous la blancheur des voiles, n'offre plus que les îles désertes et les écueils dont il est parsemé.

Autant les dehors d'Athènes étaient pittoresques et agréables, autant l'intérieur de cette ville était hideux et irrégulier. Ses murs flanqués de tours, élevées à la hâte au temps de Thémistocle, offraient de toutes parts des fragmens de colonnes et des débris d'architecture mêlés confusément avec les matériaux informes qu'on avait employés à les construire. En y entrant, disait un disciple d'Aristote, on peut douter si l'on est réellement à Athènes. Ce n'est qu'en arrivant au théâtre et au temple de Minerve, qu'on commence à se reconnaître.

Le grand défaut des maisons d'Athènes, dit Aristote, provenait d'un vice inhérent à leur construction ; les escaliers y donnaient sur les rues, et les appartemens supérieurs bâtis en saillie, défiguraient les façades, offusquaient la vue, et diminuaient la circulation de l'air. Tout cela arriva par la cupidité des propriétaires, qui en élevant des espèces de galeries au-dessus de la tête des passans, tâchaient tant qu'ils pouvaient, d'envahir les rues mêmes.

Ce qui rendait encore l'intérieur

d'Athènes excessivement difforme , de l'aveu de Xénophon , c'était un grand nombre d'emplacemens vides dont les habitations avaient été ruinées par les incendies , ou renversées par un décret du peuple ; car on rasait les demeures des grands criminels, comme on brise un vase qui a contenu une liqueur empoisonnée.

Ce tableau de l'ancienne Athènes , est tellement ressemblant à la moderne, que j'ai cru devoir le transcrire tout entier, pour le soumettre au jugement des voyageurs qui sont en état d'en apprécier la vérité , et pour désabuser en même temps ceux qui croient que la capitale de l'Attique était la plus belle ville de l'univers.

De tous les monumens d'Athènes , le temple de Thésée est celui qui remonte aux siècles les plus reculés. Cimon , fils de Miltiade , le fit élever dix ans après la bataille de Salamine ; il a six colonnes de face, treize latérales, et il est conservé dans son entier. Les bas-reliefs dont il est décoré représentent le combat des centaures et des lapithes, celui des Athéniens contre les Amazones : on y voit aussi les divers exploits de Thésée.

Ce beau monument sert maintenant d'église aux Grecs. L'intérieur de la Cella est dénué de tout ornement ; j'y ai seulement remarqué un autel antique sur lequel on lit encore une longue inscription grecque que M. Spon a publiée dans son voyage.

Un des édifices les plus anciens d'Athènes, après le temple de Thésée, est cette élégante rotonde ornée de colonnes corinthiennes qu'on appelle *la lanterne de Démosthène*, et où l'on croit vulgairement que ce célèbre orateur s'enferma pendant trois mois pour s'exercer à l'éloquence. L'inscription qu'on lit sur la frise, nous apprend qu'il fut un monument élevé pour la victoire des jeunes gens de la tribu

Achamantide , qui avaient remporté le prix dans les jeux présidés par Evénétus.

Ce monument n'a que neuf pieds de diamètre. Il fut construit trois cent trente-cinq ans avant l'ère chrétienne. Quoique d'une architecture très-délicate et très-fragile, quoique composé de plusieurs parties saillantes et isolées, il a opposé une résistance invincible à la main du temps et aux efforts des siècles.

Son étonnante conservation ne peut être attribuée qu'à la sécheresse et à la pureté de l'air, que Cicéron regardait peut-être avec raison, comme le principe créateur du génie subtil qui caractérisait les habitans de l'Attique.

Dans la partie la plus basse et la plus mal-saine de la ville, au nord de la citadelle, on trouve les ruines imposantes et magnifiques d'un édifice corinthien , qui servent aujourd'hui d'enceinte au marché ou bazar des

Turcs. Spon, Wheler et David Leroy ont cru que c'était-là le temple de Jupiter Olympien ; Stuart et Revett prétendent aujourd'hui que c'est le fameux portique qu'on appelait *pæcile*, à cause de la variété des tableaux et des statues qui le décoraient. Des boutiques turques sont adossées aujourd'hui aux murailles de cet édifice : les viles dépouilles de la misère et de l'esclavage sont suspendues à la place des boucliers des Lacédémoniens, des tableaux de Panæcus et de ceux de Polygnote.

Les voyageurs ne s'accordent pas plus sur le monument qu'on appelle le panthéon d'Adrien, que sur le temple de Jupiter. Quoi qu'il en soit, ces magnifiques colonnes, qu'on voit encore au nombre de seize sur les bords de l'Ilissus, sont incontestablement les restes d'un temple hypèthre, qui avait mille pieds de long et six cent quatre-vingts de large : elles ont six pieds de diamètre et soixante pieds de hauteur.

A peu de distance de ces colonnes, on trouve un monument que les habitans appellent l'Arc de Thésée, et que je soupçonne être une des anciennes portes d'Athènes, très-probablement celle d'Egée, qui était entre la porte Diocharis et la colline de Musée.

Sur la surface de cette porte qui regarde la citadelle, on lit l'inscription suivante : *C'est ici la ville de Thésée;* et sur la surface opposée : *C'est ici la ville d'Adrien, et non pas celle de Thésée.*

Comme Adrien était jaloux jusqu'à la passion, du suffrage des Athéniens, et qu'il avait décoré leur ville d'une quantité prodigieuse de monumens, on peut croire que la reconnaissance inspira à ce peuple flatteur et courtisan, l'ingénieuse idée d'opposer les travaux de leur nouveau Thésée à ceux de l'ancien, en fixant la limite qui séparait les parties de leur ville, que chacun d'eux avait bâties.

Adrien, dans sa nouvelle ville, avait fait construire un chemin qui menait au stade en remontant l'Ilissus.

« L'histoire du stade d'Athènes, sui-« vant Pausanias, n'était pas aussi cu-« rieuse que celle de quelques autres « édifices d'Athènes, mais on ne pou-« vait le voir sans être frappé d'éton-« nement. Il était de marbre blanc : « Hérodes-Atticus épuisa les carrières « du Pentélique pour le bâtir. »

On n'y remarque plus aujourd'hui aucun des ornemens qui le déco-raient, mais sa forme générale se reconnaît encore. Le pont sur lequel on traversait l'Ilissus pour y arriver, ne subsiste plus. Les Turcs le démo-lissaient lors de mon passage à Athènes, pour en employer les matériaux à ré-parer les murailles de la ville.

En quittant le stade, je passai près de la petite église de Stauromenos-Pietros, bâtie sur les ruines du temple de Diane-Agrotera, et je montai sur cette colline qui s'élève au sud-ouest de la citadelle. C'est-là que Musée d'Eleusis, disciple d'Orphée, avait fixé son séjour, et qu'il chantait ses vers. On y voit aujourd'hui un monument en ruines, que les Athéniens élevèrent en l'honneur de Philopapus, parent des rois de Syrie qui avaient embelli leur ville.

Du haut de la colline de Musée, j'embrassais d'un coup-d'œil le théâtre de Bacchus, le temple de Minerve et le monument de Thrasyllus, appuyé contre le rocher de la citadelle. Ce monument est d'une très-haute antiquité. Thrasyllus le consacra, après avoir vaincu dans les jeux avec la tribu Hypothoontide. On voit dans l'intérieur, une petite église grecque appelée *panaghia Spiliotissa*, la Vierge de la Caverne.

Sur une pointe de rocher à droite de ce monument, je voyais un cadran antique de marbre, incliné dans le plan de l'équateur, et semblable à l'hémicycle dont Vitruve attribue l'invention au Caldéen Berose.

Ce cadran n'est pas le seul monument qui atteste les connaissances que les Athéniens possédaient dans l'astronomie et la gnomonique. On en voit encore des traces sur la tour des vents qui sert aujourd'hui de mosquée aux Derviches Tourneurs. Elle est octogone et bâtie en marbre. Sur chacune de ses faces, dit Vitruve, Andronicus Cyrresthes avait fait représenter en bas-relief, l'image de chacun des vents : il avait aussi posé sur cette tour une pyramide de marbre, et un triton d'airain qui indiquait les vents, avec une verge qu'il tenait dans la main droite.

Les lignes qui sont tracées sur chacune des faces au-dessous des bas-reliefs, marquaient les différentes hauteurs du soleil dans l'année, et très-vraisemblablement aux solstices et aux équinoxes.

Près de la tour des vents et à peu de distance de la maison du consul de France, on trouve encore un de ces édifices que les Romains construisirent, ou du moins qu'ils restaurèrent lorsqu'Athènes leur fut soumise. Il est situé au milieu d'une rue, et consiste en quatre colonnes doriques qui soutiennent un entablement couronné par un fronton. On ignore si c'était un temple, un marché, ou un des tribunaux d'Athènes. David Leroy croit que c'était le Prytanée.

Après avoir employé plusieurs semaines à admirer et étudier les monumens qui entourent la citadelle, il me restait encore à examiner ceux qui sont compris dans son enceinte; mais je ne pouvais y pénétrer sans la permission du disdar. Son fils qui venait souvent faire visite au consul de France, me la fit accorder. Le consul lui-même prit la peine de m'y accompagner, et eut soin de porter avec lui les tragédies de Sophocle. J'observai en y montant, comme la vue s'étendait et s'embellissait de tous côtés. Arrivé près du sommet, je reconnais les Propylées, les cinq portes dont parle Harpocration, et les longues architraves de marbre tant vantées par Pausanias. Cet édifice était de bon goût, sans doute ; mais Héliodore, Harpocration et Suidas ne me persuaderont jamais qu'il ait coûté dix millions de notre monnaie. Périclès n'aurait pas été assez insensé pour employer à cette bagatelle une année des revenus de la République. Peut-être à-t-on compris dans ces dépenses tous les travaux accessoires, pour enceindre et consolider la citadelle.

En approchant du temple de Minerve, je me sentais saisi d'un sentiment de respect semblable à celui que j'éprouvais à Rome, lorsque je vis pour la première fois l'Apollon du Belvedère. Les chefs-d'œuvres impriment une sorte de vénération religieuse; c'est le privilége de la perfection, c'est celui de la divinité.

Le temple de Minerve s'est conservé long-tems dans toute sa splendeur. Tous les conquérans d'Athènes, depuis Xerxès, les Romains, les Chrétiens, les Turcs eux-mêmes, l'avaient respecté; les Vénitiens le renversèrent dans le dernier siècle. Du sein de ses ruines majestueuses, on voit s'élever une misérable mosquée, qui semble avoir été fabriquée là, pour établir le contraste entre les chefs-d'œuvres de l'art et les efforts impuissans de la barbarie.

Sur le mur du temple de Minerve, dit Pausanias, on voit des statues qui représentent ce que l'on raconte de la guerre des dieux contre les géans de la Thrace. On y voit aussi la bataille que les Athéniens livrèrent aux

Amazones , leurs victoires sur les Mèdes à Marathon, et le massacre qu'ils firent des Gaulois dans la Mysie. Le sculpteur Attalus était l'auteur de ces bas-reliefs. De nos jours, le peintre Fauvel les a moulés au péril de sa vie. Jamais on n'avait rendu aux arts un service plus signalé. Ses moules, oubliés dans les magasins de Marseille, et exposés aux injures de l'air, ont été réduits en poussière : on n'en a sauvé qu'un très-petit nombre. Le fruit de ses longs travaux et de ses innombrables dangers a été anéanti par la négligence et les désordres, qui accompagnent toujours les révolutions.

Les soldats turcs qui me conduisaient dans la citadelle, m'apprirent que peu de tems auparavant un français aveugle s'était fait conduire au temple de Minerve, qu'il s'était jeté à genoux au pied de ses colonnes, et les avait embrassées en versant des larmes d'attendrissement sur la destruction d'un monument aussi fameux.

A ce mouvement d'enthousiasme, et au portrait qu'ils me firent du voyageur français, je reconnus un ami des arts et de l'antiquité : c'était l'abbé Delisle, qui allait à Constantinople avec l'ambassadeur Choiseul-Gouffier, et qui en effet avait alors perdu la vue.

Du temple de Minerve, je passai à celui d'Erechthée.

« On voit, dit Homère, au nombre des combattans , ceux qui sortirent d'Athènes, ville superbe, où régna Erechthée, ce prince magnanime, que la terre avait enfanté, et que Minerve, fille de Jupiter, éleva et plaça dans son temple, où lorsque les ans sont révolus, les Athéniens offrent de pompeux sacrifices pour se rendre la déesse favorable. »

Le temple d'Erechthée était double, suivant Pausanias, et l'on trouvait dans l'intérieur un puits d'eau salée,

qui rendait un bruit semblable à celui des flots, quand le vent du midi
soufflait.

Je cherchai vainement les traces de
ce puits, et je m'arrêtai long-tems au
pied des admirables cariatides qui décoraient l'extérieur du temple.

On me conduisit ensuite à la fontaine
Callirhoé, que Pisistrate avait ornée de
neuf tuyaux (1). Elle est bien déchue de
son ancienne magnificence ; on voit aujourd'hui des gazons à la place des mar-
bres qui décoraient ses bords : mais elle
coule, comme autrefois, au milieu d'un
bosquet de peupliers, que les anciens
appelaient *Agyron*, et où se donnèrent
les premiers spectacles d'Athènes. Derrière les arbres, à l'angle méridional
de la citadelle, on voit les restes du
théâtre de Bacchus, bâti par Philon,
fameux architecte du tems de Périclès.

Les théâtres anciens servaient non-
seulement pour les jeux publics, mais

____

(1) Εννεα Κρουνος.

encore pour les assemblées de l'Etat ; et J. J. Rousseau s'est étrangement trompé, quand il a cru qu'il n'y avait point de théâtres à Sparte, parce qu'il n'y avoit point de spectacles. Les philosophes les plus fameux, les prédicateurs du christianisme eux-mêmes venaient dans leur théâtre expliquer leur doctrine. Ce fut au théâtre d'Ephèse, que furent arrêtés Caïus et Aristarchus, au moment où ils y prêchaient l'évangile de Jésus.

Les anciens profitaient quelquefois du voisinage d'une montagne pour y adosser leurs théâtres. Ils épargnaient ainsi d'énormes constructions qu'ils auraient été obligés d'élever pour en appuyer les gradins. D'ailleurs, la forme circulaire qu'ils adoptaient dans ce genre d'édifice, leur fournissait des échos brillans, et favorisait l'organe de leurs acteurs.

Celui d'Athènes contenait trente mille personnes. Lorsqu'on y donnait

des spectacles, les Athéniens étaient
saisis d'un esprit de vertige pendant
plusieurs jours. Ils abandonnaient
leurs affaires, ils se refusaient au
sommeil, ils étaient enthousiastes des
chefs-d'œuvres de Sophocle et d'Euripide, comme les Romains l'étaient
des combats des gladiateurs, comme
les Espagnols le sont aujourd'hui de
celui des taureaux.

En voyant les ruines majestueuses
de ce vaste théâtre, je me transportais
en idée à l'époque des solennités où
le peuple d'Athènes s'y réunissait.
Je le voyais aller, venir, monter, descendre, crier, rire, se presser, se
pousser et braver les officiers chargés
d'y mettre le bon ordre. Je fixais sur
les gradins inférieurs la place des
premiers magistrats, des cours de
justice, du sénat, des officiers-géné-
raux, et des sacrificateurs. Au - dessus, je voyais les jeunes gens qui
avaient atteint leur dix-huitième an-

née. Les femmes étaient éloignées des hommes , les courtisanes étaient séparées de tout le monde. Il me semblait voir Eschyle exerçant lui-même ses acteurs , et leur apprenant à rendre l'action plus sensible par des gestes nouveaux et expressifs.

Pendant que j'étais ainsi occupé à ranger les spectateurs , et que j'assistais en quelque sorte moi - même au spectacle d'Athènes , le consul de France ouvre la tragédie d'OEdipe à Colonne , et se met à déclamer en grec les belles strophes du chœur.

Ευιππɤ ξενɇ τας δε χωρας,
Ιχɤ τα Κρατισ]α γας επαυλα, etc.

« Les dieux vous ont conduit, ô étran-ger , dans le séjour le plus délicieux de l'Attique , à Colonne , redevable à Neptune des beaux chevaux qu'on y admire ; le rossignol y fait retentir ses doux accens dans des vallées verdoyantes, où l'on n'éprouve jamais les rigueurs de l'hiver. Les vents n'y font point sentir leur haleine bruyante, et les rayons ardens du soleil y sont interceptés par des arbres chargés de fruits, et par d'épais feuillages que des pampres de lière marient partout ensemble. Bacchus et ses joyeuses compagnes y fixent à perpétuité leur séjour.

« Le narcisse y étale en tout tems, à côté du safran doré, son calice odorant. Ces fleurs servirent autrefois de couronnes aux grandes déesses. Le Céphise, par mille canaux divers, promène ses eaux à travers de gras pâturages, et féconde les campagnes, lieux charmans, lieux enchanteurs, où le chœur des Muses vient souvent former le brillant cortège de la mère des Amours.

« Mais ce qui contribue sur-tout à la gloire de ce beau lieu, c'est qu'il produit sans culture et sans soin cet arbre précieux que l'on ne trouve ni dans les vastes plaines de l'Asie, ni dans l'île de Pelops, l'olivier; la force des athlètes, la terreur des ennemis, et le prix des vainqueurs. Personne, ni jeune ni vieux, n'a droit de toucher à cet arbre consacré à Minerve, et garant de la protection de la déesse qui, d'un coup-d'œil attentif, veille sans cesse à nous le conserver.

« Nous ne devons pas taire non plus la gloire qui rejaillit sur toute l'Attique, par la faveur insigne de Neptune, lequel a daigné accorder à Athènes les chevaux, les écuyers et la marine, qui lui ont procuré de si magnifiques triomphes.

« O, fils de Saturne, puissant dieu des mers ! c'est à vous que les Athéniens sont redevables de la gloire d'avoir les premiers su dompter les coursiers, et se servir habilement de la rame, pour voguer sur l'onde avec la vitesse des néréides. »

La voix du consul naturellement
faible, me paraissait ici claire, so-
nore, et d'un volume prodigieux; je
ne perdais pas une seule de ses arti_
culations. Quel charme d'entendre
les vers de Sophocle, déclamés à l'endroit où ils le furent il y a près de trente
siècles, par l'acteur Théodore, sous
les yeux de Sophocle lui-même!

CHAPITRE XI.

Voyage d'Athènes à l'île de Scyros.

Lysippe dit dans une de ses comédies : « Qui ne désire pas de voir « Athènes, est stupide ; qui la voit sans « s'y plaire, est plus stupide encore : « mais le comble de la stupidité, est « de la voir, de s'y plaire, et de la « quitter. »

Aux risques de mériter la censure de Lysippe, il fallut cependant quitter Athènes. J'en partis pour me rendre au port Pirée, où m'attendait un bateau grec qui devait me porter à Trézène.

La plaine qui s'étend entre la ville et le port Pirée, est couverte d'oliviers, de figuiers et de vignes. Les eaux du Céphise y débordent, et y forment des marais. J'y ai retrouvé des fondemens de la longue muraille que les Athéniens avaient élevée pour enfermer le Pirée dans Athènes, et le défendre des incursions de l'ennemi.

En avançant dans cette plaine, je croyais marcher sur la voie sacrée qui conduisait d'Athènes à Eleusis, et que bordaient deux rangs de statues, de mausolées et de temples. Je m'attendais à chaque instant à trouver au moins quelques traces du cénotaphe d'Euripide, et du tombeau de Pythionice, le plus beau monument qui existait dans toute la Grèce : car les Macédoniens, semblables à la foudre, saccagèrent l'Attique, mais ils respectèrent les temples et les tombeaux de la voie sacrée.

J'aperçois les rades de Phalère et de Munychie, et j'arrive enfin au port Pirée, où l'on montre encore deux tours ruinées, qu'on croit être les tombeaux de Thémistocle et de Cimon.

Quatre de nos frégates ne pourraient
pas trouver place dans ce port fameux,
qui contenait toute la marine des
Athéniens.

Le soleil allait disparaître derrière
les montagnes de l'Argolide : je profitai du reste du jour pour parcourir
les lieux voisins du port, où étaient
autrefois le théâtre, l'arsenal, les
temples de Vénus, de Jupiter, de Cérès,
de Diane, et les promontoires d'Eetion
et d'Alcyme.

On ne rencontre pas le moindre
débri de ces monumens. Le silence
affreux de la solitude règne maintenant dans le Digma, ce marché le plus
bruyant et le plus fréquenté de la
Grèce, où venaient aborder toutes
les nations répandues sur les côtes
de la Méditerranée et du Pont-Euxin,
depuis Marseille jusqu'à Carthage, et
depuis Carthage jusqu'à Trébyzonde.

Je détourne mes regards du désert

qui m'entoure, pour les jeter au loin sur Eleusis, la ville des mystères ; sur Salamine, la patrie d'Ajax, d'Euripide, et sur ce détroit rendu fameux par la défaite de Xerxès et la victoire de Thémistocle.

Le vaisseau sur lequel je devais m'embarquer pour Trézène, était de la grandeur d'une de nos chaloupes. Un vieillard de soixante-dix ans et un enfant de douze composaient tout mon équipage ; il y avait loin de ce vaisseau à celui de soixante-quatorze, que j'avais quitté au cap Sunium ; la chambre du capitaine pouvait à peine me contenir. Elle était éclairée d'une petite lampe placée au pied d'une image de la Vierge. Ce bon vieillard, après avoir adressé quelques prières à sa protectrice, mit à la voile.

Les vents étaient favorables ; nous passâmes sans accident les nombreux écueils du golfe Saronique. L'obscurité de la nuit n'effrayait point mon vieux pilote. Le petit mousse était à la proue ; il chantait continuellement et d'une manière très - agréable , pour montrer qu'il ne dormait pas , et avertissait de temps en temps lorsqu'il croyait apercevoir quelque danger. La manœuvre se fit ainsi pendant toute la nuit. Au point du jour , j'avais dépassé l'île d'Egine et les ruines d'Epidaure. Je me trouvais à l'entrée de Porto - Poro , à quarante milles du Pirée.

L'entrée de ce port est un long canal formé par deux chaînes de rochers parallèles et taillées à pic , qui s'étendent de l'est à l'ouest, dans l'espace de plus d'une lieue. A l'extrémité de ce canal, on trouve un large bassin fermé de toutes parts. La petite ville de Poro se présente au sud-est ; elle est bâtie en amphithéâtre sur une éminence qui domine l'île de Calaurée , célèbre par la mort de Démosthène.

Le patron de mon bateau me conduisit à Trézène (1). Nous traversâmes pour y arriver, une plaine arrosée par le fleuve Chrysorhoas, et bordée de collines couvertes d'oliviers, de grenadiers, de myrtes, et de sapins qui semblaient se perdre dans les nues. J'y retrouvai les ruines de plusieurs monumens, et entre autres celles d'un temple dont l'autel était encore debout, et dont le pavé encore entier était jonché de débris de colonnes et d'entablemens doriques.

N'est-ce pas là le temple d'Hippolyte, où les filles de Trézène déposaient leur chevelure avant leurs noces? Ne serait-ce pas plutôt cette chapelle dédiée à Vénus, où la malheureuse Phèdre se cachait pour voir ce héros, lorsqu'il lançait son char dans la carrière ?

A mon retour de Trézène, le Turc

____

(1) Le village de Damala est bâti sur les ruines de Trézène.

qui commandait à Porto-Poro, m'apprit qu'il y avait dans la ville un infidèle mourant, et il me proposa de me conduire dans la maison où il se trouvait. J'eus de la peine, je l'avoue, à me défendre d'un sentiment d'inquiétude, en songeant à la peste; mais en Turquie, tous les infidèles sont frères, et tous les Européens sont de la même nation. Je consentis donc à voir le malade, et je trouvai un jeune médecin français habillé à la turque, étendu sur une natte dans une chaumière ouverte à tous les vents. Il parcourait la Turquie depuis plusieurs années. Le pacha de Napoli l'avait appelé pour guérir une de ses femmes. A son passage à Trézène, il avait été attaqué d'une fièvre violente, et il était dans l'accès au moment où j'entrai chez lui.

Le mauvais air de Trézène était déjà redouté du temps de Théophraste et de Vitruve; ses vins même étaient regardés comme dangereux, et les eaux de l'unique fontaine qu'elle possédait, étaient d'une mauvaise qualité.

Il y avait dans le port, une barque de Céphalonie, chargée de figues et destinée pour Constantinople ; je fis marché avec le capitaine de cette barque pour mon compatriote et pour moi. Quoique dans un état de faiblesse extrême, il fut très-empressé de s'embarquer et de quitter un lieu mal sain où il n'aurait pas manqué de succomber s'il y était demeuré plus long-temps.

Le surlendemain à minuit, j'étais entre l'île Longue et l'île de Zea ; la lune éclairait de sa lueur pâle et faible, les ruines du temple de Sunium ; tout l'équipage était plongé dans le sommeil ; le pilote seul était à la barre du gouvernail et attendait les vents.

J'étais assis près de lui ; mes yeux se portaient tantôt sur ce promontoire où j'avais passé des momens si délicieux, tantôt sur l'île de Zea, la patrie du vertueux Simonide , qui mérita l'estime des rois, des sages et des grands hommes de son temps, qui connaissait l'art d'intéresser et d'attendrir , qui peignait avec tant de vérité les infortunes ; qui nourrissait dans le cœur des hommes , ces sentimens de compassion destinés par la nature à les rapprocher les uns des autres.

Je songeais à l'heureuse réunion des qualités de ce grand homme, à-la-fois poëte et philosophe, lorsque j'aperçus un bateau qui s'avançait vers nous ; c'était un pirate. J'éveillai l'équipage ; dix minutes plus tard nous étions abordés. On combattit assez long-temps de part et d'autre ; mais le corsaire voyant que nous étions nombreux et résolus à nous défendre jusqu'à la dernière extrémité , prit le large et s'éloigna.

Ces parages ont été dans tous les temps infestés de pirates. L'île de

Ioura (l'ancienne Giaros), d'où peut-être venait celui-ci, est un pays sauvage et hérissé de roches ; c'est, dit Juvenal, la digne retraite des brigands, si le ciel en purgeait la terre.

Au lever du soleil, le jour suivant, le vent était au sud et soufflait grand frais. Bientôt nous atteignîmes le cap d'Or. J'avais à ma droite l'île d'Andros, et je distinguais clairement à ma gauche, les cavernes de l'île d'Eubée et le promontoire Capharée, où Nauplius alluma des feux pour attirer la flotte d'Agamemnon sur les écueils (1), et venger la mort de son fils Palamède.

----

(1) MINERVE.

Je saisirai l'instant où leurs vaisseaux s'éloigneront d'Ilion. Jupiter du haut des cieux entouré de sombres nuées, fera tomber sur eux des torrens de grêle et de pluie. Il fera gronder la tempête, et me prêtera ses traits enflammés pour foudroyer les Grecs... Soulève en même

Comme les vents devenaient de plus en plus impétueux, les matelots étaient

---

temps les flots de la mer Egée. Qu'elle frémisse au loin du bruit des gouffres et de l'orage. Que le golfe d'Eubée regorge de cadavres, afin que désormais mes temples soient respectés, et que la Grèce apprenne à rendre hommage aux dieux.

NEPTUNE.

Déesse, tes vœux seront remplis ; il m'est aisé de te satisfaire. Je troublerai jusqu'en ses abymes la mer qui baigne les rivages de My-cone, les rochers de Delos et Scyros et Lemnos ; et les écueils de Capharée seront couverts de morts. Remonte dans l'Olympe. Reçois de la main de ton père ces carreaux foudroyans, et lance-les sur cette flotte odieuse dès qu'elle s'é-loignera du rivage .... Malheur à l'insensé qui détruit les cités florissantes, les temples des dieux, et les tombeaux, sanctuaires des morts ; qui change en affreux déserts lesdemeures pai-sibles des mortels! sa mort expiera ses forfaits.

Les Troyennes, tragédie d'Euripide, acte I, scène 2.

d'avis de mouiller à Daïlo , petit port qui se trouve à l'ouest du cap ; mais les marchands de Céphalonie auxquels la cargaison appartenait, s'obstinaient à continuer la route, afin d'arriver plutôt à leur destination , et de diminuer ainsi les frais de transport. C'était le premier voyage de long cours que nos argonautes entreprenaient ; jamais ils n'étaient sortis de Céphalonie que pour porter leurs figues à Patras, ou dans quelque échelle du golfe de Corynthe. Il s'établit ici un combat entre l'avarice de ces marchands et l'expérience des matelots. J'en prévis facilement les fâcheux résultats ; mais je n'avais aucun moyen de les éviter.

Pendant que la querelle s'échauffait entre eux , le vent fraîchissait de plus en plus, et le vaisseau marchait rapidement vers la mer Egée. Je perdis bientôt l'espérance de relâcher en Eubée et d'observer l'Euripe, cet étonnant phénomène qui faisait le désespoir des anciens philosophes, et dont les modernes n'ont point encore pénétré la cause.

A peine fûmes-nous hors du canal d'Andros, que la mer devint très-orageuse; le capitaine témoigna alors tout son repentir de n'avoir pas suivi le conseil de ses matelots. « L'avarice, leur disait-il en fureur, est la cause des naufrages. Dieu garde les voyageurs quand ils ont l'imprudence de s'embarquer sur le vaisseau qui porte son propre marchand ! »

En effet, notre bateau était, comme ceux des anciens, construit en sapin; et il était tellement chargé, qu'il n'avait pas un pied de bordage hors de l'eau; le moindre coup de mer semblait devoir le briser ou le couler bas.

On délibéra long-temps si l'on irait mouiller entre les rochers d'Ipsara, ou si l'on tenterait de tenir la mer et de se diriger sur Ténédos.

Les navigateurs de l'ancienne Grèce

n'étaient pas plus intrépides que ceux de la moderne. L'effroi les saisissait aussitôt qu'ils sortaient des canaux et qu'ils perdaient la terre de vue. Le fils de Tydée, Ménélas et Nestor, demandaient un signe aux Dieux pour se déterminer à traverser la vaste mer qui sépare Lesbos de l'Eubée ; charmés d'avoir mesuré cet espace immense, ils faisaient fumer sur le rivage, des offrandes solennelles à Neptune.

Enfin les marchands et leur capitaine se décidérent à gagner l'île de Scyros, située vers le nord à soixante milles de distance. La nuit approchait ; la mer était orageuse ; les vents soufflaient avec impétuosité ; une nuit de quatorze heures devait succéder au jour : personne de notre équipage ne connaissait le port où nous allions chercher un asile.

A deux heures après minuit, après avoir couru mille fois les risques de périr, nous arrivâmes à la hauteur du port des trois Bouches (porto delle tre Bocche). Des rochers escarpés et d'une hauteur prodigieuse en forment l'entrée. Un nuage noirâtre couronnait leur cime, et semblait augmenter encore les ténèbres qui nous dérobaient la vue des dangers ; la confusion régnait dans l'équipage ; on n'entendait que des cris, des gémissemens et des prières.

Un jeune habitant de l'île d'Hydra(1), passager sur le bateau, qui jusqu'alors avait gardé le plus profond silence, et ne s'était point fait connaître pour marin, saisit la barre du gouvernail ; il ordonne, il encourage, il rassure, et nous passons en un instant, de la

____

(1) Les Hydriotes sont regardés comme les meilleurs matelots de l'Archipel. Les Grecs, en général, ne connaissent point la carte ; ils ont recours aux marins de l'Occident, pour s'élever en haute mer.

tempête la plus affreuse, dans le calme le plus parfait.

A peine étions-nous entrés dans le port, que des cris se font entendre de toutes parts. Les bâtimens qui étaient à l'ancre, nous croyaient des pirates ; nous avions beau leur assurer que nous étions de Céphalonie, ils n'en montraient pas pour cela moins de crainte. J'appris même le lendemain, qu'un capitaine ragusois s'était préparé à tirer sur nous à mitraille, si nous fussions demeurés à portée de son vaisseau.

CHAPITRE XII.

*Voyage de Scyros au cap Baba
l'ancien promontoire Lectos.*

L'ÎLE de Scyros était célèbre dans l'antiquité, par le séjour d'Achille auprès du roi Lycomède. Les artistes anciens et modernes se sont exercés à l'envi sur ce sujet fabuleux ; mais il n'existe peut-être pas de monument qui le rappelle avec plus de grâce et de goût, que le prétendu sarcophage d'Homère, découvert par les Russes dans une des îles de l'Archipel. Je le dessinai dans les jardins du comte de Stroganoff, à Pétersbourg : et à mon passage à Gottingue, je communiquai mes dessins à mon célèbre ami le professeur Heyne, qui composa sur ce monument la dissertation suivante.

« Pendant la guerre de la Russie avec l'Empire ottoman, terminée en 1774, par la paix de Focsani, le bruit courut que le comte Pash de Krinen, qui servait à bord de la flotte russe, avait découvert le tombeau d'Homère dans l'île de Nios (l'ancienne Ios). Le monument était, disait-on, composé de six morceaux, et avait la forme d'un sarcophage de quatre pieds de haut, dix-sept de long et trois de large ; l'un de ses côtés portait une inscription qui, selon toute apparence, était celle dont parle Hérodote, et gravée après sa mort. Le comte prétendait même y avoir trouvé le squelette dans la position d'une personne assise, et devant lui un vase de marbre semblable à un encrier, une plume, un style et une pierre aiguisée comme un canif.

« On pensait donc que, d'après une telle découverte, il ne devait plus exister le moindre doute à l'égard du systême de Freret, sur l'antiquité de l'écriture.

« Il est évident que l'auteur de la découverte de ce tombeau , n'est pas un savant très-profond ; et ceux qui ont l'esprit porté vers la plaisanterie , trouveraient ici de quoi satisfaire leur goût. Cependant, sans perdre de temps à discuter sur ce sujet, il faut avouer, d'après les conjectures générales, que le bruit n'était pas tout-à-fait sans fondement ; et sans parler du squelette, de l'encrier et de la plume , le sarcophage peut bien avoir existé. On pensait que l'inscription aurait conduit à une découverte intéressante ; et en effet , les habitans d'Ios en avaient composé une en l'honneur d'Homère , quoique long-temps après sa mort (1).

______

(1) On trouve cette inscription dans la vie d'Homère, écrite par Hérodote. Chap. XII.

Εν<θαδε τυη ιερην κεφαλην κατα γαια καλυψεν
Αδρων ηρωων κοσμητορα θειον Ομερον.

L'épigramme de Paulus Silentarius (1),
contemporain de Justinien, fait croire
que le même sarcophage existait encore sous le règne de cet empereur,
sur un rocher situé au bord de la mer.

« Lorsque les lettres de Biornsthal
furent publiées, il s'en trouva une
datée de Livourne, du mois de juin
1772, dans laquelle on lisait le para-
graphe suivant : « Maintenant je ne
« puis m'empêcher de parler ici, en
« peu de mots, d'une découverte nou-
« velle et très-extraordinaire dans le
« monde savant, et je ne m'attendais
« pas à la faire à Livourne. » Sans
examiner si Livourne fait ou non partie du monde savant, il nous suffit
d'être instruits que Biornsthal veut
parler ici du tombeau d'Homère,

––––––––––

(1) Anthol. Steph. pag. 269. Brunk. Ana-
lecta. T. III. p. 101. LXXX.

Ομηρον κλεινος επ αγκιαλω τομβος εκει σκοπελω.

trouvé par le comte Pash de Krinen
dans l'île d'Ios (1) (à présent Nios),
et qu'il en avait apporté à Livourne
(comme il le dit) les morceaux arran-
gés avec soin dans des caisses.

« Biornsthal avoue qu'il ne l'a point
vu ; mais il dit que le comte lui a com-
muniqué ses mémoires, et qu'il en a
fait pour son propre usage, un extrait
que l'on peut encore trouver parmi
ses papiers. Cependant il assure que
l'inscription dont nous avons parlé,
est gravée sur la tombe.

« On pourrait supposer que les

---

(1) « On dit à M. Lechevalier lorsqu'il était
à Pétersbourg, que le sarcophage avait été trouvé
dans l'île d'Andros. Dans ce cas, nous aban-
donnerions nos opinions sur le tombeau d'Homère. Ios, au contraire, avait chez les anciens
la réputation de posséder le tombeau de ce grand
homme. » (*Note de M. Heyne.*)

Pline dit : « *Ios, Homeri sepulchro, vene-
randa* ». Lib. IV. 5. 23.

mots suivants : « Mentor était son père , » appartiennent à une autre inscription du tombeau ; mais en examinant avec plus d'attention , on trouvera que toute la suite a été prise de la vie d'Homère , écrite par Hérodote. M. Biornsthal dit plus loin : « On « trouve dans ces inscriptions toutes « les lettres de l'alphabet grec , même « le ο, κ, Φ, à l'exception de l'H et « de l'Ω. » Le nom d'Homère est écrit Ομιρος. Mais si l'inscription était ancienne , il aurait été écrit Ομερος , ou plutôt Ημερος.

« M. Biornsthal (comme on devait s'y attendre) montre quelques doutes sur l'antiquité de cette inscription , dont il n'a vu, à ce qu'il paraît, que les copies ; et l'on peut même conjecturer avec fondement , qu'elles n'étaient point exactes. Le comte de Krinen paraît avoir du penchant au merveilleux : « Il découvrit des tom- « beaux remplis d'ossemens de géans.

« Il visita Ephèse, ville maintenant
« ensevelie sous terre ; car il eut le
« bonheur de trouver un passage pour
« y descendre. La ville était entière-
« ment conservée, les maisons, les
« boutiques, les rues, etc. Dans quel-
« ques chambres il trouva de l'argent,
« une grande quantité de petites idoles,
« et des statues ornées d'hiéroglyphes
« et d'inscriptions grecques, et il en-
« leva de ces objets tout ce qu'il put
« emporter. Lui seul au monde con-
« naît le lieu où cette ville souter-
« raine est située, et il a fermé et
« recouvert de terre le passage par
« lequel il s'y était introduit. » Il faut
avouer que cette dernière circonstance
est réellement bien malheureuse ; qui
peut maintenant retrouver ce lieu ?
Les serpens et autres reptiles, peu
contens de la visite du comte, le trou-
blèrent dans ses recherches, et lui
firent une si grande frayeur, qu'il rem-
plit ses poches le plus promptement

qu'il lui fut possible, et sortit avec
précipitation d'une ville où les ama-
teurs des beaux arts étaient aussi mal
accueillis. Il possède encore une collection de belles pierres antiques et de
camées. N'est-il pas étonnant que depuis, l'on n'ait jamais entendu parler
du comte ou de sa collection. Peut-
être ce récit l'engagera-t-il à paraître
une seconde fois sur la scène.

« Mais revenons au tombeau d'Homère. Le comte de Krinen le proposa
au roi de Prusse, et demanda en même
temps qu'on voulût bien lui indiquer
de quelle manière se ferait la translation de son monument dans les Etats
de ce souverain, soit par terre ou par
mer. Fréderic était probablement occupé d'affaires plus intéressantes que
celles de l'antiquité. Peut-être aussi (et
c'est une considération qui, hélas ! n'a
que trop souvent de pouvoir sur l'esprit
des grands de ce monde) aurait-il été
nécessaire, dans cette occasion, que

l'offre eût été faite par un homme dont la réputation dans ce genre se fût trouvée mieux établie, et qui aux yeux du prince eût passé pour un véritable connaisseur. D'ailleurs, il est possible que le roi ait été prévenu contre le comte de Krinen, ou que les propositions même de cet antiquaire aient jeté quelques doutes sur l'authenticité de son monument. Quoi qu'il en soit, le palais de Sans - Souci fut privé de l'honneur de posséder le tombeau du chantre de l'Iliade. Si Fréderic avait su que ce monument représentait Achille, dans l'île de Scyros, il se serait probablement déterminé à en faire l'acquisition pour le réunir à la famille de Lycomède, qu'il possédait déjà.

« On ne sait pas comment le comte de Krinen fit cette découverte. M. Biornsthal rapporte que Léonard Pash de Krinen naquit en Russie, de parens hollandais ; il voyagea dans le Levant pour y faire des recherches dans les sciences. Il était alors capitaine à bord de la flotte russe qui croisait dans ces parages. Mais dès qu'il eut fait cette découverte, il quitta le service dans la crainte de se voir obligé d'abandonner son monument à la Russie. Le pauvre comte était bien éloigné de penser que sa découverte, au lieu d'être transportée en triomphe à Pétersbourg, d'être considérée comme un beau morceau de l'antiquité des Grecs, serait un jour humblement exposée aux injures de l'air, dans un jardin particulier de cette capitale.

« Pendant long-temps on n'entendit plus parler du tombeau d'Homère, et ce n'est que depuis peu qu'on a appris qu'il avait été transporté à Pétersbourg. Enfin, dans la description de cette ville, écrite par Géorgi, on trouva ce qui suit : « Dans les jardins du pa- « lais d'été du comte de Stroganoff,

« il existe un très-beau sarcophage
« que l'on nomme le tombeau d'Ho-
« mère ; il fut transporté de l'Archi-
« pel , pendant la dernière guerre
« contre les Turcs. Il est de marbre
« blanc et orné de figures en bas-
« reliefs qui représentent des guer-
« riers. » Mais la translation de ce
monument à Pétersbourg , est le seul
renseignement que l'auteur nous donne
sur un objet qui , portant le nom d'Homère , devait au moins fixer toute son
attention. Il y resta pendant quelque
temps aussi ignoré qu'il le fut dans la
Grèce. Qui pourrait dire que le poëte
lui-même eût éprouvé un meilleur
sort , si la Providence l'avait réservé
pour notre siècle ?

« M. Lechevalier , pendant ses
voyages en Russie , fit un dessin de ce
monument ; il nous en montra l'es-
quisse à son passage à Gottingue. Il
donna aussi les explications nécessaires en présence du professeur Heeren

et de M. Fiorillo, qui entreprit volontiers d'en faire un dessin pour le
graveur. Mon estime pour M. Lechevalier, et plusieurs autres considé-
rations m'ont engagé à donner une
exposition de ce monument ; je l'ai fait
d'autant plus volontiers, que les ga-
zettes l'avaient déjà annoncé sous des
points de vue différens.

« Il est plus facile de représenter par
la gravure que par une description,
quelque bien écrite qu'elle soit, le
sujet des figures dont ce monument
est orné. On avait cru d'abord que
c'était Homère au milieu des Muses
et des Parques (1) ; mais la moindre
attention suffit pour démontrer que le
monument représente Achille, déguisé

---

(1) Le comte de Krinen, suivant la relation
de Biornsthal, crut avoir découvert, par quelques emblêmes ou par des figures même de
ce tombeau, qu'Homère avait autrefois exercé

sous les habits d'une femme, au palais de Lycomède, roi de Scyros, et découvert par les ruses d'Ulysse. Comme les monumens échappés à la destruction représentent rarement ce sujet, cette circonstance donne encore à l'ouvrage un plus grand degré d'intérêt.

«Les poëtes et les mythologues nous ont appris que Thétis avait long-temps retenu Achille auprès d'elle, et qu'elle avait fait tout ce qui était en son pouvoir pour l'empêcher d'aller au siége de Troye avec les Grecs; car son père Nérée lui avait appris le sort qui l'y

la peinture. Des palettes et d'autres instrumens analogues à cet art, que probablement il avait vus dans des figures de femme, lui avait donné cette idée ingénieuse : tant il est vrai que fort souvent on fait dans les écrits des anciens, et plus encore dans les ouvrages de l'art, les découvertes les plus inattendues.

attendait. Le jeune héros souffrit avec beaucoup de répugnance qu'on l'arrachât des bras de sa mère, et qu'on le conduisît à Scyros pour y être déguisé sous des habits de femme, à la cour du roi Lycomède, et vivre au milieu des filles d'honneur de Déidamie, fille de ce prince. Il se trahit lui-même dans la suite, par sa passion pour Déidamie. Cependant le secret doit avoir été soigneusement gardé, car les Grecs, à qui les oracles avaient annoncé que leurs succès devant Troye dépendaient d'Achille, firent pendant long - temps de vaines recherches pour découvrir le lieu de sa retraite. Ulysse y parvint enfin; mais il serait difficile de dire comment. Statius lui donne le devin Calchas pour l'aider dans cette entreprise. Les devins et les oracles sont, en vérité, des ressources bien précieuses aux poëtes et aux historiens, lorsque les ressorts cachés des événemens leur sont inconnus. Ils étaient de la plus grande utilité aux hommes d'Etat et aux généraux, pour leur faciliter les moyens d'expliquer, après l'événement, pourquoi le succès n'avait pas suivi les projets excellens qu'ils avaient formés. On avait obéi à l'Oracle ou à la volonté des Dieux, que personne ne pouvait comprendre, et dont Apollon lui-même n'aurait pu donner l'explication. On envoya donc Ulysse à Scyros; et comme Lycomède ne put lui donner aucun éclaircissement, il fut obligé d'imaginer lui-même les moyens de parvenir à son but. Déguisé en marchand, il exposa dans l'une des salles du palais, divers présens qu'il offrit à la fille du roi, et il y joignit quelques armes. En même temps il fit retentir la trompette d'alarme aux oreilles d'Achille, comme si l'ennemi eût été prêt à l'attaquer. Les femmes prirent la fuite, emportant avec elles les bijoux qu'elles avaient dans les mains; mais

Achille se saisit d'une lance et d'un bouclier.

« Tel est, en peu de mots, le récit de cette histoire. Nous y ajouterons quelques circonstances extraites de Statius, qui, sous plusieurs rapports, pourront servir d'éclaircissement à notre monument.

« Ulysse part pour l'Aulide avec Diomède, débarque à Scyros, et déclare que l'objet de son voyage est de visiter les côtes de Troye. Le roi leur fait un bon accueil et leur donne un grand repas, où Déidamie et ses compagnes sont admises. Ce qui suit n'est pas tout-à-fait dans le stile héroïque ; mais nous ne devons pas être trop sévères à l'égard du poëte romain. Ulysse découvre bientôt Achille, malgré les efforts de son amante pour le dérober à ses yeux. Elle l'avertit sans cesse de couvrir sa poitrine, de cacher ses mains sous sa robe, de ne pas montrer ses épaules, de ne pas quitter sa place, ni demander du vin aussi souvent. Elle arrange de nouveau les tresses de ses cheveux, et fait, en un mot, tout ce qui dépend d'elle pour empêcher qu'Ulysse ne vienne à le découvrir. Lycomède, qui desire traiter honorablement ses hôtes, désigne un jour pour leur donner une fête où des jeunes filles habillées en Bacchantes doivent exécuter des danses. Ici Achille se trahit bien plus encore, par l'air mâle qu'il montre dans tous ses mouvemens. Il ne s'observe plus ; il oublie quand il doit présenter la main, et il ne marche pas avec assez de légèreté. Il met du désordre dans sa toilette ; la danse est troublée ; tout enfin se découvre. On peut aisément concevoir la douleur de Déidamie. Ulysse avait apporté tout ce qui est nécessaire à la célébration des bacchanales. Il fait exposer dans l'une des salles du palais, des thyrses, des cymbales, des guirlandes, des rubans ;

et d'un autre côté, différentes espèces d'armes. A la vue des boucliers et des javelots, Achille n'est plus maître de lui, et se trahit dans un instant. La trompette en même temps se fait entendre, et donne le signal d'une invasion : tout prend la fuite. Achille, seul, saisit les armes, se découvre à Lycomède, et lui demande sa fille. Le prince confirme leur union ; et le jour suivant, le jeune héros part avec les Grecs.

« Il n'est pas difficile, d'après ce récit, de donner une explication des figures du sarcophage. Celle du milieu, qui tient une lance et un bouclier, représente Achille au moment où la trompette se fait entendre. C'est aussi l'attitude de ce héros au milieu de la famille de Lycomède, dans le monument que l'on voit au château de Sans-Souci, et dont nous aurons encore occasion de parler. A la droite et à la gauche d'Achille, on distingue sept figures différentes, de femmes qui

jusqu'alors avaient été ses compagnes.
Trois d'entre elles paraissent tenir des
quenouilles garnies de laine. Mais laquelle est Déidamie ? Il n'y a point de
doute que ce ne soit la figure que l'on
voit aux genoux d'Achille ; elle le
supplie et le conjure de ne point l'a-
bandonner. Derrière, et tout près d'elle,
est une vieille femme. Cette circonstance vient à l'appui de notre asser-
tion : c'est la nourrice de Déidamie,
et il est très-naturel de la placer près
de la princesse. Elle paraît aussi
adresser la même prière à ce héros.

« Entre ces deux figures le marbre est
altéré. On croit y entrevoir la forme
d'une corbeille ; nous pouvons lui
supposer une base ou un support
quelconque, et ce sera alors la même
corbeille qui contenait les présens
d'Ulysse. Derrière Déidamie, on voit
le guerrier qui sonne de la trompette,
et qui, d'après les ordres d'Ulysse,
donne le signal d'une invasion dans

l'île. Ensuite paraît le roi d'Ithaque ; son casque le fait aisément distinguer. Diomède que l'on voit auprès de lui, n'est pas aussi heureusement représenté. Peut-être le bas-relief en cet endroit, a-t-il souffert quelqu'altération. Suivant Statius, Diomède est le seul qui ait accompagné Ulysse à Scyros. D'autres prétendent que ce prince fut aussi aidé dans cette entreprise par Phœnix, ce vieillard qui prit soin d'Achille dans son enfance. Ne pouvons-nous pas croire qu'il ait été représenté par la figure du vieillard que l'on aperçoit à l'angle opposé et derrière la femme assise ? Quant aux deux autres figures qui sont assises, nous pouvons les désigner comme des filles de Lycomède ; et d'ailleurs il n'est pas nécessaire d'en donner une minutieuse explication.

« Il existe à Rome deux bas-reliefs, qui représentent Achille à Scyros : l'un se voit à la Villa Panfili, l'autre à la Villa di Belvedere à Frascati. Winkelman nous a donné une description de ce dernier ; et c'est pour nous une satisfaction véritable de pouvoir la comparer avec notre monument. L'Achille ressemble entièrement au nôtre. Déidamie est aussi aux genoux du jeune demi-Dieu, qu'elle arrose de ses larmes. Derrière Achille, on voit cinq figures de femmes. Celle qui tient une lyre a sans doute été réparée par une main moderne ; et Winkelman se plaint de l'altération que l'artiste a fait éprouver à cet ouvrage en le retouchant. Ulysse y est accompagné de trois Grecs, dont l'un, Diomède, est celui qui tient un sabre qu'il tire du fourreau. On peut remarquer encore dans ce morceau, quelques légères additions, telles que des armes, deux Amours et un casque aux pieds d'Achille.

« Le monument de Villa Panfili est composé d'une manière différente. Les figures de femmes sont au nombre de neuf. Si toutes sont des filles du roi Lycomède, l'artiste doit avoir adopté l'histoire de Philostrate le jeune, qui, dans une de ses descriptions intitulée *Achille à Scyros*, parle de plusieurs filles de ce roi, et de Déïdamie comme étant l'aînée. On croirait d'abord qu'Achille à son âge aurait donné la préférence à la plus jeune ; mais ici le sujet s'écarte de la route commune.

« L'île est représentée sous la figure symbolique d'une femme au pied d'un rocher. Devant une tour, on voit une prairie où des jeunes filles s'amusent à cueillir des fleurs. On distingue Déïdamie parmi ses compagnes ; Achille est à ses côtés sous ses habits de femme. Ulysse et Diomède semblent approcher. Le premier jette au milieu d'elles une corbeille remplie de bijoux et une armure complète, sur laquelle Achille se précipite avec ardeur. Derrière Ulysse, est une figure qui tient une trompette. Le reste

est un sujet qui diffère entièrement
de celui que nous venons de décrire.
Il représente le jeune Pyrrhus gardant
un troupeau, au moment où Phœnix
entre dans le port de Scyros. Il est
surprenant que cette différence ait
échappé à ceux qui ont rendu public
ce morceau d'antiquité. Mais ils ne
sont pas mieux instruits dans la com-
position, que le sculpteur lui-même
qui a rendu son sujet d'une manière
indigne d'un habile homme.

« On trouve aussi dans le Muséum du
Capitole, un monument en marbre
qui, comme ouvrage de l'art, n'est pas
d'un grand mérite ; mais il peut servir
à développer le sujet dont nous nous
occupons. La vie d'Achille y est traitée
toute entière ainsi que son séjour à Scyros, son départ de cette île, et la douleur
de Déidamie. Il y est aussi représenté
sous des habits de femme et les armes
à la main : la princesse fait tous ses
efforts pour le retenir. Il est extraor-

dinaire de trouver deux fois dans le même monument, Achille, vêtu en femme, et de voir devant lui un homme jouant de la flûte, au lieu d'un guerrier sonnant de la trompette.

« Il existe encore à la Villa Albani un monument qui représente un Achille habillé en femme, au milieu des filles de Lycomède ; mais de toutes les compositions de ce genre, il n'y en a pas une qui ait de plus grands rapports avec le sarcophage dont il est ici question, que la collection des statues du palais de Sans-Souci. Elle est composée de dix figures de 4, 5 et 6 pieds environ, et représente Achille à côté de Déidamie. Winkelman autrefois hasarda sur cette collection un jugement très-défavorable ; mais sa critique alla certainement beaucoup trop loin ; il n'est pas probable que l'artiste qui a réparé les statues, ait de son chef décidé qu'elles représentaient la famille de Lycomède. Il doit avoir eu ses motifs pour le faire, et Winkelman aurait pu les découvrir aisément. Le jeune guerrier, sous l'habit de femme, a dû naturellement reporter le critique à l'intention du sculpteur. La seule faute réelle qui ait été commise dans la réparation de cet ouvrage, c'est d'avoir trop multiplié les personnages de la famille ; ce qui dans les arts, au moins dans la sculpture, n'est pas d'un heureux effet. Quoi qu'il en soit, les statues furent trouvées toutes ensemble. Elles furent tirées de terre à Frascati, et eurent le même sort que la famille de Niobé et le Toro-Farnèse.

« De ces dix figures, sept sont donc des filles de Lycomède. La vieille femme est la mère, ou plutôt cette même nourrice qui se trouve dans notre monument ; ce qui s'accorde mieux avec tout le sujet. Peut-on en effet supposer que la mère ait été si aveugle, qu'elle n'ait pu distinguer Achille au milieu de ses filles ? Les statues de ce héros

et d'Ulysse y sont aussi , Lycomède ne
s'y trouve pas , comme Winkelman l'a-
vait dit d'abord. Il n'avait pas vu la collection ; mais Caylus (1) qui l'examina
en France avant qu'elle fut transportée à Sans-Souci , partage le sentiment de Winkelman , sur la médiocrité
de l'ouvrage. Suivant lui, toutes les
parties saillantes et toutes les têtes ont
été réparées par de jeunes sculpteurs
de l'académie française à Rome, qui
leur ont donné un caractère moderne.
Lycomède (il fallait dire Ulysse) fut
restauré d'après la tête du baron de
Stosh, et Moshen lui-même convient
que deux de ces figures ont été re-
touchées par des artistes de Rome.

« Pline fait mention d'un tableau
dont le sujet est le même que celui de
notre sarcophage. Il fut exécuté par
Athenion (2), dont il compare les ta-

____

(1) Hist. de l'Acad. des Ins. t. xxv. Mém. p. 322.

(2) Plin. *xxxv.* 40-29 *Athenion , maro-*

lens à ceux de Nicias. Il y en avait un autre exécuté par Polygnote à Athènes, dans les bâtimens situés près des Propylées (1).

« Plusieurs artistes modernes se sont essayés sur le sujet d'Achille à Scyros. Un guerrier, sous les habits d'une femme, offre un sujet qui n'est pas sans attrait, et le pinceau de Rubens, de Lairessens et d'Angelica Kauffman s'y est exercé ; mais quel que soit le mérite de leurs ouvrages, aucun ne rend l'esprit et le goût que l'on trouve dans l'antique. Revenons à notre monument.

« Le devant est terminé par la figure du vieillard dont nous venons de parler. L'angle la partage en deux; et la moitié paraît sur le bas-côté, semblable à celle d'un Her-

_____

niles, *Glaucionis Corinthii filius pinxit...Item Achillem virginis habitu occulatum, Ulysse deprehendente.*

(1) Pausanias, I. 22, p. 52.

mès. Elle joint le premier bas-relief à celui de l'autre partie que M. Lechevalier dit être un ouvrage fini. Elle représente le Centaure Chiron instruisant Achille. Celui-ci tire une flèche de son carquois, qui est derrière son épaule. Cette disposition, et particulièrement le mouvement de la main droite en prenant la flèche, sont évidemment forcés; ce qui est d'autant plus singulier, que ce même morceau est dans le fait mieux fini que le reste. Je crois l'attitude d'Achille, plus heureuse dans le monument de forme ronde que l'on voit au Muséum du Capitole. Il y est représenté assis sur le Centaure, et il y est mieux placé que l'Amour sur les Centaures énormes de Furietti (1).

L'éducation d'Achille par Chiron,

---

(1) Exactement comme dans Pindare. Nem. 3. 77. Παις εων αθορε μεγαλ Εργα χερσι θαμινα ϐραχυσιδαρον ακοντα βαλλωι.

dans la caverne du mont Pelion en Thessalie, est trop connue pour qu'il soit nécessaire d'insister plus long-tems sur ce sujet. On sait qu'Achille avait été confié par Thétis aux soins de Chiron. Lorsque l'époque fixée par le destin fut arrivée, Thétis le retira de ses mains, et le conduisit à Scyros.

Le côté opposé du sarcophage, représente encore Achille sous l'habit d'une femme. Il est assis, et joue de la lyre. Deux femmes sont à ses côtés; Déidamie doit être l'une d'elles. Statius a tiré un grand parti de cet incident.

« Dès le commencement, Achille a fixé ses affections sur la jeune princesse. Attaché à ses pas, il ne la perd jamais de vue. Tantôt il est penché sur elle, et Déidamie se plaît à le voir dans cette attitude. Une autre fois, il lui jette des fleurs, que le hasard a fait tomber de la corbeille. Il dispose ses doigts délicats sur les cordes de la lyre. Lorsqu'elle chante, il la serre dans ses bras, et l'applaudit en lui donnant mille baisers amoureux. Elle apprend avec plaisir à chanter Achille et son séjour sur le mont Pélion. Elle répète avec enthousiasme, son nom et ses actions étonnantes. Sa voix célèbre Achille, qu'elle a devant les yeux sans le connaître. Elle l'instruit à son tour, et lui fait observer plus de modestie dans ses mouvemens. Elle lui apprend aussi les occupations de son sexe ». Nous ne pouvons nous empêcher de rappeler en cette occasion le sujet favori traité par les poëtes et les artistes, Achille jouant de la lyre, comme Homère le représente, lorsqu'il reçoit dans sa tente les ambassadeurs des Grecs.

« Il ne nous reste plus à présent qu'à parler du quatrième côté. C'est le combat de deux Centaures contre un lion et une lionne. Quoiqu'il y ait de l'expression dans leur figure, nous ne pouvons cependant passer à l'artiste leur énorme grandeur.

« M. Lechevalier nous assure que les quatre faces du sarcophage ne sont pas d'un travail également parfait. Le côté principal a plus de relief, mais n'est pas d'un aussi beau stile que les autres ; ce voyageur ne parle d'aucune inscription sur le monument. Nous sommes donc encore loin d'avoir découvert le tombeau du chantre de l'Iliade.

« Le sarcophage peut avoir contenu les restes de quelque grand personnage, qui existait vraisemblablement avant les Romains..... Ainsi il s'est écoulé bien des siècles depuis que cette poignée de cendres a été dispersée. *Die hand voll Staub ist nun langst verwehet...* (1) »

____

(1) Das vermeinte Grabmal Homers nach einer Skizze des Hern Lechevalier, Gezeichnet

1. 14

On ne saurait donner du prétendu tombeau d'Homère une explication plus satisfaisante que celle qui vient de précéder.

Le célèbre Heyne a montré dans ce petit ouvrage, comme dans ses chefs-d'œuvres, qu'il réunit le goût le plus pur, au tact le plus délicat dans les arts, et à la plus vaste érudition. J'avoue cependant, que le séjour d'Achille à Scyros étant le principal sujet de ce monument, je serais assez tenté de le croire un cénotaphe élevé à Achille, à Déidamie, et peut-être aussi à Pyrrhus.

Quant au combat des Centaures et des lions, il me semble être le prologue de tout l'ouvrage. Pourquoi, en effet, le Centaure médecin Chiron était-il assez habile archer pour enseigner à Achille à tirer de l'arc? Quel

***

von Joh. Dominik Fiorillo, Erläutert von C. G. Heyne. Leipsig 1794.

rapport y a-t-il entre sa médecine,
son astronomie et l'art de lancer des
flèches ? Aucun : mais en qualité de
Centaure, il devait savoir écarter au
besoin les bêtes féroces, soit avec la
massue, soit avec le trait. Il a donc
fallu faire un rapprochement de Centaures et de lions, qui motivât l'adresse
de Chiron à tirer de l'arc ; et le peintre
Regnault paraît avoir senti parfaitement cette convenance, quand, dans
son tableau, il a représenté un lion
vaincu aux pieds d'Achille et du Centaure. Revenons à l'île de Scyros.

Cette île fut également célèbre par
l'exil et la mort de Thésée. Ce prince
placé à la tête de la République d'A-
thènes par des succès multipliés et
des actions d'une bravoure éclatante,
se montra digne de cette gloire par
la sagesse de sa législation. Le peuple,
dit Barthelemy, fatigué d'une consti-
tution dont la nature n'était exactement connue, ni de ses chefs, ni

de lui, n'ayant aucun moyen de se
défendre contre l'extrême servitude,
ni contre l'extrême liberté, reçut avec
reconnaissance les lois de Thésée, qui
semblaient le ramener à son état pri-
mitif. Il fut réglé que ce heros serait
le défenseur des lois, et le général des
troupes. Tout semblait alors favoriser
les vœux de Thésée : il commandait à
des peuples libres, que sa modération
retenait dans la dépendance ; il dic-
tait des lois de paix et d'humanité
aux peuples voisins ; il ajoutait le
territoire de Mégare à l'Empire ; il
plaçait sur l'isthme de Corynthe une
colonne qui séparait l'Attique du
Péloponèse, et il jouissait d'avance
de cette vénération que les siècles
attachent à la mémoire des grands
hommes. Mais il ne fût pas assez heureux pour achever l'ouvrage de sa gloire.
La défaite des Amazones et des Centaures, le triomphe de Calydon, ne
purent faire oublier l'enlèvement de

la fille d'Aidonée : il s'éleva des mur-
mures contre lui, on lui fit un crime
de ses exploits et de ses malheurs. Il
se réfugia dans l'île de Scyros, où il
périt victime de la trahison de Lycomède.

L'île de Scyros a un circuit de 80
milles : elle est par-tout hérissée de
rochers. Ses principaux villages sont
S. Giorgi di Skiro, Meniana et San-
Paolo.

Elle nourrit de nombreux troupeaux de chèvres, dont le lait est
excellent. Les anciens prétendent
qu'elles avaient le défaut de renverser
le vase dans lequel on venait de les
traire : de là ils appelaient chèvres de
Scyros ceux qui se démentaient dans
leur conduite, et qui obscurcissaient
l'éclat de leurs vertus par le mélange
honteux d'actions lâches et injustes.

On ne voit pas une seule habitation
autour du port *des Trois-Bouches*. J'y
trouvai seulement les ruines d'une

ancienne ville, au milieu de laquelle
était une grande citerne, dont les
voûtes sont encore très-bien conservées. Dans la montagne appelée *Ra-
chiano*, située près du port, je dé-
couvris plusieurs carrières d'un marbre
blanc, tacheté de veines noirâtres. Je
trouvai des colonnes à moitié taillées
dans la masse du roc, et d'autres en
assez grand nombre tout-à-fait ter-
minées. Ces carrières étaient renom-
mées chez les anciens.

En retournant à bord, je vis une
troupe de Grecs et de Turcs qui s'é-
chappaient de leurs bateaux, et s'en-
fuyaient à toutes jambes dans les montagnes. Ils avaient aperçu à la mer un
gros vaisseau qui se préparait à entrer
dans le port, et qu'ils croyaient être
maltais (1). C'était un bâtiment de

____

(1) On sait qu'il y a guerre éternelle entre
les Maltais et les Turcs.

Marseille qui venait de Smyrne. Je me transportai à son bord, où je trouvai le baron de la Turbie, gentilhomme piémontais, qui revenait de Constantinople. Il en était parti avec deux autres voyageurs, l'un anglais, l'autre français, avec lesquels il devait visiter l'Egypte et la Grèce. Avant d'arriver à Ténédos, les trois voyageurs étaient déja séparés. L'un était parti pour l'Egypte, l'autre pour l'Angleterre, et le troisième retournait à Turin.

Le baron de la Turbie m'apprit que l'abbé de Lille avait aussi quitté Constantinople pour retourner en France, et que le capitaine, Truguet naviguait alors avec Tondu, l'astronome, dans les parages de l'île de Mételin, pour y continuer la carte du nord de l'Archipel, qu'ils avaient commencée l'année précédente.

Le 15 novembre, à minuit, nous mîmes à la voile. Le tems était

calme que nous employâmes près de
cinq heures à sortir du port. Au lever
du soleil, il s'éleva un vent de sud,
qui nous porta dans le courant du jour
à l'île de Ténédos.

Cette île conserve encore son ancien nom parmi les Européens et les
Grecs modernes. Les Turcs l'appellent
Bogas-Adassi (l'île du détroit), parce
qu'elle est située à l'embouchure de
l'Hellespont. Elle a trente milles de
tour, et sept à huit milles de diamètre.

Virgile, Pline et Strabon s'accordent
sur sa position géographique, et la
fixent avec beaucoup plus d'exactitude
que M. Bryant, qui la transporte à
l'entrée du golfe Adramyty, afin d'é-
tablir son système favori sur la guerre
de Troye. Elle est à six milles d'A-
lexandria-Troas, cinquante-six milles
de Mételin, et douze milles du cap
Sigée.

Lorsque les Atrides convoquèrent

une assemblée générale pour y délibérer sur le départ des Grecs , Agamemnon était d'avis de rester encore sur les rivages troyens , afin d'appaiser le courroux de Pallas. La moitié de l'armée , sous la conduite de Nestor et d'Ulysse , fit voile vers Ténédos , et s'y arrêta pour faire des sacrifices aux dieux.

Sous le règne de Priam , avant la ruine de Troye , cette île , suivant Virgile , était florissante et riche.

Est in conspectu Tenedos , notissima fama
Insula, dives opum Priami dum regna manerent.

C'est de là que partent les deux serpens qui traversent la mer pour dévorer Laocoon et ses deux fils.

Ecce autem gemini à Tenedo tranquilla peralta
(Horresco referens) immensis orbibus angues
Incumbunt pelago pariterque ad littora tendunt.

La rade de Ténédos n'est pas moins

dangereuse aujourd'hui, qu'elle ne l'était au tems de Virgile.

Nunc tantùm sinus et statio malefida carinis.

Les vaisseaux y mouillent entre l'île et la côte d'Asie. La Chersonèse de Thrace les met un peu à l'abri des vents du nord : cependant, quand ces vents soufflent avec quelque impétuosité, comme le fond du mouillage est de sable mouvant, ils chassent sur leurs ancres, et vont se perdre sur un écueil que les Turcs appellent *Koum-Bouroun* (la pointe de sable). Il est rare que les voyageurs traversent cette rade, sans y apercevoir quelques débris de vaisseaux naufragés.

Je fus reçu à Ténédos chez le juif Moïse Abenadretti, de la famille des Gormezano, agens français aux Dardanelles, dont je rappele ici les noms avec la reconnaissance que je dois à leur aimable hospitalité. Moïse Abenadretti me fit connaître tout ce qu'il y avait de curieux dans l'île.

Du haut de la montagne qui domine la ville et toute l'étendue de l'île, il me montrait au sud les montagnes de Lesbos ; à l'ouest, le volcan de Lemnos ; au nord, l'embouchure de l'Hellespont, le cap Sigée et la Chersonèse de Thrace ; à l'est enfin, la côte d'Asie, et cette vaste forêt de valoniers dont la cîme semble couronnée par les antiques monumens d'Alexandria-Troas.

Au pied de cette montagne, je cherchai vainement la fontaine qui, suivant Pline, éprouvait au solstice d'été une espèce de flux et de reflux, dont les effets se faisaient régulièrement sentir trois heures après le coucher du soleil. Il ne reste plus aucun vestige de la ville d'OEolis, ni du temple d'Apollon Sminthée, divinité si fameuse dans les poésies d'Homère.

Quelques jours avant mon arrivée

à Ténédos, on y avait exécuté le visir Hallil - Hamid ; je vis son cercueil exposé dans la petite mosquée du château.

Hallil-Hamid , ennemi personnel du fameux Hassan, capitan pacha, dont le prodigieux crédit l'offusquait, l'accusa de haute trahison devant le mufti , pour avoir mené clandestinement et par mer , le grand-seigneur aux châteaux de la mer Noire , qui se trouvent hors des limites de Constantinople. Le mufti déclara Hassan coupable : celui - ci sentant le danger auquel il s'était exposé, feignit d'être malade. Le visir voulant connaître au juste l'état de son rival, fit appeler en secret le médecin qui le traitait , et qui gagné ou trompé lui - même , lui assura que Hassan n'avait pas vingt-quatre heures à vivre. Aussitôt il fait investir son palais , et arrêter Mavro-Yeni , son drogman et son homme de confiance. Le sultan Abdoul - Ha-

mid, qui portait la faiblesse au point
de croire que sa vie n'était pas en
sûreté dans sa capitale lorsque Hassan
s'en éloignait un instant, se crut tout-
à-fait perdu quand il apprit que son
favori était en danger. Il s'empressa
de le voir, afin de prendre ses derniers
conseils. C'était-là ce que Hassan attendait, et ce fut dans cette entrevue que la perte du visir fut con-
sommée. On lui ordonna d'abord
de mettre Mavro - Yeni en liberté,
et de renvoyer la garde qu'il avait
placée autour du palais de son rival.
Deux jours après, le fier Hassan se
promenait à cheval dans les rues de
Constantinople, au grand étonnement
de toute la ville, qui le croyait mourant. Hallil-Hamid fut bientôt destitué
et arrêté.

Au moment où il était enfermé
entre les deux portes du sérail, pour
y attendre les derniers ordres de son
maître, Isaac Bey, ce turc qu'on a vu

à la cour de France, sous le règne
de Louis XVI, trouva moyen de pénétrer dans l'obscurité de son cachot, pour lui donner quelques avis
utiles de la part de l'ambassadeur de
France qui cherchait à lui sauver la
vie. Hallid-Hamid le prit pour un des
bourreaux, et crut que sa dernière
heure était arrivé. Isaac Bey se fit
connaître, et dissipa pour un instant
ses craintes, en lui apprenant qu'il
était nommé gouverneur de Gedda.
Mais son allégement ne fut pas de
longue durée ; on le transporta à Ténédos où il fut étranglé.

Les vents contraires me retinrent
long-tems à Ténédos : je ne voulais pas
quitter ces parages de la mer Egée,
sans voir l'île de Mételin (1). Je me
proposais d'ailleurs d'entrer dans la
Troade, à l'endroit où se termine la

-----

(1) L'ancienne Lesbos.

chaîne du mont Ida , et de suivre la côte d'Asie jusqu'à l'embouchure de l'Hellespont, pour tâcher de découvrir la plaine de Troye , ses monumens et ses fleuves.

Deux jours après mon départ de Ténédos, j'entrais à Porto-Sigri , l'un des ports les plus fréquentés de l'île de Mételin , lorsque j'y vis arriver le vaisseau *le Tarleton*, commandé par le capitaine Truguet, qui avait choisi ce point comme l'un des plus élevés de l'île , et des plus favorables pour achever de déterminer les positions de Ténédos, de Lemnos , de Sant'Estrati , de Chio et des rochers d'Ipsara.

L'île de Mételin a environ soixante milles de circonférence. Elle est coupée par des chaînes de montagnes et de collines , les unes couvertes de vignes , les autres de hêtres, de cyprès et de pins. Les plaines qu'elles laissent dans leurs intervalles, produisent du bled en abondance. On trouve en plusieurs endroits des sources d'eaux chaudes, des agates et des pierres précieuses. Le long des côtes de Mételin, la nature a creusé des anses qui s'enfoncent très-avant dans les terres, tels que Porto-Calo, Porto-Iero et Porto-Pietra. Démétrius de Phalère attribuait à l'influence du climat de cette île, le génie des poëtes et des musiciens qu'elle avait produits en si grand nombre. Lesbos donna le jour au sage Pittacus, qui délivra sa patrie de trois grands fléaux, les tyrans, la guerre et les divisions intestines ; qui n'accepta le pouvoir suprême qu'afin de rétablir la paix et de créer de bonnes lois, et qui l'abdiqua sans regret, comme il l'avait accepté sans ambition.

Le petit village de Sigri a pris son nom du promontoire *Sigrium*. Il est défendu par un mauvais fort, au milieu duquel s'élève une mosquée dont la coupole est très-élégante. Les maisons de ce village sont bâties en terre et en bois. Comme je désirais obtenir la permission et les moyens de parcourir avec sûreté l'intérieur de l'île, j'allai trouver l'aga, qui était assis dans un café et entouré de ses officiers inférieurs.

Une assemblée de Turcs est un spectacle du plus grand intérêt pour un voyageur qui se trouve la première fois au milieu d'eux. Leur contenance est grave et sérieuse, leur politesse tient de la protection, mais elle est affectueuse et douce. Les peuples, comme les individus religieux, qui par la prière sont en commerce habituel avec la divinité, ont un caractère de physionomie remarquable; leurs traits semblent respirer le bonheur avenir, qui fait l'objet continuel de leurs vœux. C'est chez eux que les artistes de la Grèce allaient chercher ces belles têtes que nous admirons dans l'antique.

1.

15

Qui croirait que ces hommes appartiennent à la même famille que les barbares vainqueurs de Nicopolis (1)? Qui croirait que des hommes aussi hospitaliers, aussi généreux, aussi doux dans la paix, puissent être assez cruels dans la guerre, pour mutiler et massacrer leurs prisonniers ?

Les rochers qui bordent le port de Sigri sont rougeâtres, et assez ressemblans au porphyre dans son état de dissolution. On y remarque des troncs d'arbres agatisés, qui confirment encore l'observation de Platon sur le territoire de l'Attique (2), et prouvent incontestablement que ces lieux, maintenant rocailleux et stériles, étaient autrefois couverts de forêts.

L'aga m'ayant fourni des mulets et

____

(1) *Voyez* Chapitre III, page 58.

(2) *Voyez* Platon dans le Critias ou l'Atlantide.

un guide, je me mis en route pour parcourir l'île de Mételin. Après avoir laissé à ma gauche le mont Ordymnus, qui traverse l'île de l'est à l'ouest, je passai près des ruines d'Eresos, la patrie de l'intéressante Sapho, dont les vers coulaient avec plus de grâce et de mollesse que ceux d'Anacréon et de Simonide.

Poursuivant ensuite ma route à travers des bosquets de myrte, j'arrivai au village de Porto-Iero, situé au fond d'un golfe qui semble fermé de tout côté par les terres, et où l'on trouve des eaux thermales d'une qualité très-salutaire pour les maladies des femmes. Les campagnes qui s'étendent entre ce village et la ville de Mételin, sont plantées de vignes et d'oliviers. Les anses formées par la mer, offrent à chaque pas, les points de vue les plus agréables et les plus pittoresques.

La ville de Mételin occupe l'emplacement de l'ancienne Mytilène.

Elle est située sur un promontoire entre deux ports, l'un au septentrion et l'autre au midi. Le premier, plus grand et plus profond que l'autre, est garanti de la fureur des vents et des flots, par une jetée qui s'avance loin dans la mer. Mytilène fut autrefois célèbre par la grandeur de son enceinte, la beauté de ses édifices, le nombre et l'opulence de ses habitans. On n'y retrouve plus d'autres débris de cette ancienne magnificence, que les ruines d'un aqueduc. Elle est entourée d'une double muraille flanquée de tours. Ses mosquées et ses maisons sont entremêlées de platanes et de cyprès.

Pour revenir de Mételin à Porto-Sigri, je pris la route d'Akerona, petit village près duquel se trouve le monastère du Précurseur, *Prodromos* (1) : c'est-là qu'était située Me-

____

(1) C'est le nom que les Grecs modernes donnent à S. Jean-Baptiste.

thymne, la patrie d'Arion, successeur d'Orphée. Cette ville, l'une des principales de l'île de Lesbos, était renommée pour les vins. Virgile les mettait fort au-dessus de ceux d'Italie.

Non eadem arboribus pendet vindemia nostris,
Quam Methymnœo carpit de palmite Lesbos.

La tête et la lyre d'Orphée ayant été jetées dans l'Hèbre par les Bacchantes, furent transpostées jusqu'aux rivages de Methymne. Pendant le trajet, la voix d'Orphée faisait entendre des sons touchans et accompagnés par les sons de la lyre dont le vent agitait les cordes.

Membra jacent diversa locis, caput, Hebre ly-
 ramque,
Excipis et (mirum) medio dum labitur amne,
Flebile nescio quid quœritur lyra, flebile lingua
Murmurat exanimis; respondent flebilœ ripœ,
Jamque mare invectœ flumen populare relin-
 quunt.
Et Methymneœ potiuntur littore Lesbi (1).

______

(1) Ovid. Metamorph. l. xi.

De retour à Porto-Sigri , je m'embarquai sur un bateau du pays , qui me conduisit à Porto-Pietra (le port de la Pierre), ainsi nommé à cause d'un rocher isolé qui s'élève au milieu de ce golfe, à la hauteur de plus de deux cents pieds. Nous mouillâmes à quelque distance d'une caravelle turque , envoyée dans l'Archipel à la poursuite d'un corsaire. A peine avions-nous jeté l'ancre , que le capitaine de la caravelle détacha sa chaloupe avec vingt hommes armés , qui vinrent nous mettre à contribution , et nous enlevèrent ce que nous avions de plus précieux. Dans la crainte d'une seconde visite , nous mîmes à la voile pendant la nuit, et nous arrivâmes le lendemain au cap Baba.

SECONDE PARTIE.

CHAPITRE PREMIER.

Voyage du cap Baba aux ruines d'Alexandria-Troas.

L E mouillage du cap Baba (1) est garanti des vents de nord par une jetée d'environ soixante pieds de longueur, formée de grosses pierres entassées sans maçonnerie ; mais il n'est point à l'abri des vents d'ouest, ni des vents de sud. Le village de Baba est situé sur le penchant d'une colline. On y voit un mauvais fort,

____

(1) L'ancien promontoire Lectos.

semblable à celui de Porto - Sigri. Si l'on examine avec attention les rochers dont il est entouré, et si on les compare avec ceux qui forment la rive opposée de l'île de Mételin, on ne saurait douter que cette île n'ait autrefois appartenu au continent de l'Asie.

En partant du cap Baba, j'étais résolu, comme je l'ai déjà dit (1), de suivre le rivage de la mer jusqu'aux Dardanelles. C'était le seul moyen de découvrir l'embouchure des fleuves que je cherchais.

Les différentes épreuves que j'avais faites de l'exactitude d'Homère, dans la description des lieux que je venais de parcourir, m'autorisaient à penser qu'il n'en aurait pas manqué dans celle de la plaine de Troye ; et sans trop m'arrêter à l'opinion des anciens et des modernes, qui ont révoqué en

____

(1) *Voyez* page 223.

doute l'existence de cette plaine , j'étais persuadé que je devais la retrouver telle que le plus grand des poëtes et le plus exact des géographes l'a dépeinte.

Il ne me sera pas difficile , me disais-je à moi-même , de reconnaître ces deux promontoires opposés, qui terminaient le camp des Grecs , et où étaient les postes d'Achille et d'Ajax(1). Parmi les vallées voisines de la plaine de Troye , je démêlerai celle de Thymbra , où les Lyciens étaient campés (2); je distinguerai le cours impétueux du violent Simoïs (3), et les eaux limpides du Scamandre (4), dont les rives sont couvertes de fleurs. Elles ne doivent pas être perdues , quoi qu'en ait dit Strabon , les sources de ce divin fleuve , que le poëte a dé-

____

(1) Il. VIII. 222. XI.
(2) Il. X. 430.
(3) Ib. XII. 21. 22. XXI. 307.
(4) Ib. VII. 329. II. 467. V. 36.

signées par des caractères si pro-
noncés et si saillans (1). Cette agréable
colline qui s'étendait sur les bords
du Simoïs, n'aura pas, sans doute,
changé de situation (2). Peut-être je
découvrirai l'emplacement de l'ancienne Troye, et cette colline des
figuiers qui donnait tant d'inquiétude à Andromaque (3). Pourquoi
ne resterait-il pas quelques traces du
grand tombeau d'Æsietes (4) ? Pourquoi ne subsisteraient-ils pas encore,
ces monumens d'Achille et de Patrocle, qui, suivant la prédiction du
poëte lui-même, devaient être l'objet
du culte des navigateurs dans la pos-
térité la plus reculée (5)?

------

(1) Ib. XXII. 147.
(2) Ib. XX. 53. 151.
(3) Ib. VI. 433.
(4) Ib. II. 791.
(5) Ib. VII. 86. XXIII. 45. 255. Odys. XXIV.
80.

On aura peine à croire que ce beau songe se soit réalisé, et je craindrais de passer pour un enthousiaste aux yeux des savans, si tous les objets que je viens de nommer n'avaient pas été au moins indiqués avant moi, et tous vérifiés depuis dans la plaine de Troye, où ils s'offrent encore aux regards de ceux qui voudraient parcourir ces lieux célèbres.

Le janissaire que j'avais pris au cap Baba pour me conduire aux ruines d'Alexandria-Troas, ne manqua pas de m'entretenir des dangers que nous allions courir ensemble, afin d'être à la fin du voyage, mieux récompensé de la ferme résolution qu'il montrait de les partager avec moi.

Après avoir marché pendant près de deux heures, à travers les collines de l'Ida qui viennent se terminer au rivage de la mer, je laissai à droite les villages de Kutali, Keusse'deressi, et celui de Tousla (1), dont le nom turc rappelle les salines Tragésées, mentionnées par Strabon. Enfin, j'arrivai sur les ruines d'Alexandria-Troas. Son enceinte flanquée de tours subsiste encore en entier, mais ne renferme plus d'habitans. Le silence de la mort règne au milieu de ses ruines. Des valoniers (2) et des cyprès croissent à la place qu'occupaient autrefois les maisons et les rues. On y aperçoit, d'espace en espace, des débris de monumens magnifiques, habités maintenant par des serpens et des oiseaux nocturnes.

***

(1) Le mot turc *Tousla*, signifie des salines.

(2) *Quercus Ægilops*, de Linnée.

CHAPITRE II.

Description des ruines d'Alexandria-Troas.

ALEXANDRE-LE-GRAND, en conquérant habile, voulait imprimer des titres durables de ses victoires dans tous les lieux qu'il subjuguait ; il bâtissait des villes, il élevait des monumens; ou plutôt dans sa course rapide son génie en concevait l'idée, en arrêtait le dessin : et il laissait ensuite à des ministres dignes de lui le soin de les exécuter (1).

Alexandria-Troas fut une des dix-huit villes qui portèrent son nom. Elle fut commencée par Antigonus, et reçut d'abord le nom d'Antigonia ;

____

(1) Strab. l. XIII. Plin. l. VI. 30.

mais Lysimaque à qui elle échut en partage, comme patrimoine d'Alexandre, lui rendit le nom du héros qui l'avait fondée.

Dans la guerre d'Antiochus, elle se distingua par sa fidélité aux Romains, lesquels, en récompense, lui accordèrent tous les privilèges dont jouissaient les villes d'Italie. Auguste y envoya une colonie. Alexandria-Troas devint la plus considérable de toutes les villes qui se trouvaient entre le cap Sigée et le cap Lectos (1).

Suétone raconte que César, par respect pour la contrée qui donna naissance à ses aïeux, avait formé le projet d'y transporter les richesses de l'Empire (2). On croit qu'Auguste en eut lui-même le desir, mais

____

(1) *Travels in Asia minor.* ch. IX. *Strab.* l. XIII. 887. p. éd. Amst. 1707.

(2) Suét. ch. 79.

que Mécène, Agrippa et les principaux courtisans de ce prince, connaissant l'influence de la poésie sur
son cœur, engagèrent Horace à lui
adresser cette ode, dans laquelle il
introduit avec art la déesse Junon
menaçant les Romains de toute sa
colère, s'ils entreprenaient de relever
les murailles de Troye :

Sed bellicosis fata Quiritibus
Hâc lege dico, ne nimiùm pii
Rebusque fidentes, avitæ
Tecta velint reparare Trojæ (1).

Il est possible que César ait eu des
raisons de se dégoûter de Rome, et
qu'il lui soit venu dans la pensée de
s'en éloigner ; mais on ne peut guère
supposer qu'Auguste, chéri des Romains, ait pu nourrir un instant
dans son ame le projet de s'éloigner

---

(1) L. III. Od. 3.

d'eux, et qu'après avoir pacifié l'univers, il ait préféré l'obscure ville d'Alexandrie au brillant séjour de Rome.

Les habitans d'Alexandrie étaient particulièrement adonnés au culte de Silène; ils se convertirent de bonne heure au christianisme, et saint Paul demeura sept jours au milieu d'eux, et y ressuscita Eutychus. Son voyage est raconté au vingtième chapitre des actes des apôtres.

Les Turcs appellent aujourd'hui cette ville ruinée, *Eski-Stamboul*, la vieille Constantinople, comme s'ils la croyaient digne, par ses beaux restes, d'avoir été l'ancienne capitale de leur empire.

Les eaux thermales que les Turcs appellent *kaploudja - hamam*, sont le premier objet remarquable qu'on aperçoit en y arrivant du côté du cap Baba. Deux sources, qui ne sont éloignées que de trente pas l'une de l'autre, ont cependant un degré de chaleur différent. Le thermomètre de Réaumur qui était, à l'ombre, à 22 degrés, est monté dans l'une à 35, et à 36 dans l'autre.

Suivant une tradition conservée parmi les Turcs qui habitent les villages voisins, ces sources, dans le siècle dernier, tarirent après un tremblement de terre.

Les murailles qui les entourent sont construites avec des débris de statues; on y distingue celle d'Hercule jeune, et celle d'une femme dont la draperie est du plus beau stile.

La colline sur laquelle elles sont situées, est couverte de tombeaux. En la parcourant en-dehors des murailles jusqu'au bord de la mer, on trouve à chaque pas, des Turcs occupés à briser des sarcophages de marbre blanc, ornés de bas-reliefs et d'inscriptions, pour en faire des boulets de canon ou des décorations à leurs propres sépultures.

Parmi les monumens situés hors de la ville, que la main du tems semble avoir le plus respectés, on voit un aqueduc qui s'étend à plusieurs milles vers l'Hellespont, et qui, par sa magnificence et sa solidité, rappelle le généreux patriotisme de celui qui l'a bâti.

Atticus, gouverneur des villes libres d'Asie (1), voyant celle d'Alexandrie condamnée à s'abreuver de l'eau corrompue des citernes et des puits, supplia l'empereur Adrien de ne pas souffrir qu'une ville maritime aussi importante fût privée d'un secours que de simples villages de l'Asie avaient obtenu de lui.

Adrien accueillit sa prière, et le créa intendant des ouvrages qu'il fallait construire pour amener des eaux dans cette ville. La dépense s'éleva à

____

(1) Philostr. de vita Sophist. ii. 1–3. et Oléar.

plus de sept millions de drachmes (1).
Les ennemis d'Atticus en portèrent
plainte à l'empereur, et lui repré-
sentèrent que le tribut de cinq cents
villes avait été sacrifié pour ce seul
ouvrage. Atticus convint que la dépense avait en effet excédé sa première estimation ; mais il déconcerta
la calomnie en prouvant qu'il avait
fourni l'excédant, de ses propres
fonds.

Cet aqueduc n'est pas le seul monument qu'Atticus ait élevé ; il bâtit
aussi le stade d'Athènes (2), dont
les ruines subsistent encore , et dont
l'ancienne magnificence est vantée
par Pausanias (3).

---

(1) *Voyez* Notes de sir William Jones , à la
trad. d'Isæus, p. 154.

(2) *Græciæ Descriptio*, lib. 1. p. 34. édit.
de Hanov. 1613.

(3) *Voyez* chapitre x. Tableau général d'A-
thènes et de ses environs.

Les murailles d'Alexandrie sont presqu'entièrement conservées ; elles sont d'une épaisseur prodigieuse ; la pierre calcaire dont elles sont bâties, est remarquable par sa dureté et la multitude de coquillages qui forment sa substance. La colline renfermée dans leur enceinte, et sur laquelle la ville était située, est séparée à l'est de la chaîne de l'Ida par le vallon où coulent les eaux thermales, et s'étend, en s'abaissant vers la mer, dans l'espace d'environ six ou sept cents toises en tout sens.

Les fondateurs de cette ville ne durent point être insensibles aux avantages qu'elle pouvait tirer de sa situation à l'embouchure de l'Hellespont et du voisinage de ses eaux thermales, célèbres encore aujourd'hui par leur efficacité contre la lèpre, les rhumatismes et les maladies de la peau. Il paraît qu'ils n'ignorèrent pas non plus le prix du commerce et l'utilité d'un

port. La nature avait ébauché l'enceinte de celui dont on admire aujour-
d'hui les ruines. Une large plate-
forme pavée en marbre de différentes
couleurs, dont une partie est couverte par les eaux de la mer, est le
seul reste qui rappelle son ancienne
magnificence. On ne saurait assurer
si les énormes colonnes de granit,
qui sont jetées çà et là dans son vaste
bassin, servaient autrefois à le décorer,
ou si les Turcs, après les avoir roulées
du haut de la ville à dessein de les
transporter à Constantinople , ont
renoncé à les embarquer à cause de
leur pesanteur.

Les édifices publics sont ceux qui
résistent le plus aux injures du tems :
leur solidité et leur masse lui opposent
un obstacle invincible , et la barbarie
ne les épargne que par l'impuissance
de les renverser. On reconnaît encore
parmi les ruines d'Alexandrie , un
stade , un théâtre , des temples , et

un immense édifice dont les navigateurs aperçoivent de très-loin le sommet à travers les touffes de valoniers qui couvrent tout l'espace que la ville occupait anciennement.

Les docteurs Pococke et Chandler (1) regardent cet édifice comme un gymnase où la jeunesse allait s'instruire dans les sciences et dans les exercices du corps ; le commun des navigateurs lui donne le nom de palais de Priam, sans songer que le palais de ce roi devait être à une grande distance de la mer, et que celui-ci est presque sur ses bords.

Les voyageurs qui connaissent Rome sont frappés, à la première vue, de la ressemblance de cet édifice avec les Thermes de Dioclétien et ceux de Caracalla. Mais ce qui prouve incon-

____

(1) A Description of the East. vol. II part. II. 109. *Travels in Asia minor.* p. 27.

testablement qu'il était destiné à des bains, c'est ce grand réservoir semi-circulaire qui se trouve à l'angle méridional du monument, et dans lequel aboutissent encore les canaux de l'aqueduc, qui apportaient les eaux. Si Pococke et Chandler avaient vu ces canaux ; s'ils avaient pénétré dans leurs voûtes encore enduites de sédimens aqueux, s'ils avaient observé la direction de l'aqueduc qui s'y termine, ils n'en auraient pas méconnu la destination.

CHAPITRE III.

Premier voyage dans la plaine de Troye.

J'ÉTAIS à peine sorti des murs d'Alexandria-Troas, que j'aperçus à l'horizon, du côté du nord, une éminence conique qui attira toute mon attention par sa hauteur, par sa masse imposante, et par sa forme régulière qui se dessine d'une manière tranchante sur le sommet horizontal de la colline où elle est située.

Je dirigeai ma route vers ce point remarquable, à travers la longue chaîne des collines qui descendent, en s'applanissant par degrés, des hauts sommets de l'Ida, et viennent insensiblement se perdre sur les bords de la mer Egée.

En y arrivant, je m'informai avec empressement si les Turcs qui habitaient les villages voisins avaient coutume de désigner cette petite montagne par quelque nom particulier. Ma curiosité fut pleinement satisfaite lorsque j'appris qu'ils la regardaient comme un tombeau des infidèles, et qu'ils lui avaient conservé le nom très-extraordinaire de *Tépé*, le même que les anciens Egyptiens donnaient à leurs tombeaux; mais je ne me croyais pas alors aussi voisin de la plaine de Troye. Je ne pouvais que former des conjectures sur ce monument. Je me contentai, à cette première époque, d'en mesurer les dimensions, et d'observer de son sommet l'un des plus beaux points de vue de l'univers.

Au midi, j'apercevais les ruines d'Alexandria-Troas; à l'est, les pics élevés de l'Ida; à l'ouest, la mer Egée, les îles de Ténédos, d'Imbros, de Samothrace, de Lemnos, et jusqu'au sommet du mont Athos (1) ; à mes pieds enfin, et du côté du nord, j'avais une vaste plaine entourée d'agréables col-

---

(1) Agamemnon, roi d'Argos et de Mycènes, avait promis à Clytemnestre que, dès qu'il aurait pris la ville de Troye, il l'en avertirait par un signal. C'était une torche ardente qu'il devait placer sur une hauteur dans la Troade, pour avertir les lieux voisins de faire la même chose jusqu'à ce que la lumière pût être aperçue d'Argos.

Mais quand Troye a-t-elle été prise? demandent les ministres d'Argos à Clytemnestre (*).

CLYTEMNESTRE.

« La nuit même qui a devancé ce jour.

LE CHŒUR.

Quel message assez prompt a pu vous l'apprendre?

(*) *Agamemnon, tragédie d'Eschyle, acte I. scène* ●.

lines, couverte de villages et cultivée d'espace en espace. Deux fleuves qui paraissaient sortir des gorges de l'Ida, la traversaient de l'est à l'ouest, dans sa longueur. De différens côtés, et à

CLYTEMNESTRE.

« Vulcain, par des feux allumés sur l'Ida. De fanal en fanal la flamme messagère est venue jusqu'ici; de l'Ida, au promontoire d'Hermès à Lemnos; de cette île, le sommet du mont de Jupiter, l'Athos a reçu le troisième, ce grand signal d'un flambeau résineux, de cette lumière qui pour m'annoncer le bonheur, a doré de ses rayons le poste de Maciste. Celui-ci qui veillait sans cesse n'a point tardé d'avertir les gardiens du Messape au bord de l'Euripe; ils y ont répondu, et ont transmis le signal en allumant un monceau de bruyère sèche, dont la clarté forte et soutenue comme celle de la lune, parvenant rapidement au-delà des plaines de l'Asope jusqu'au mont Cythéron, a continué la succession de ces feux voyageurs. La garde de ce mont n'a point manqué d'allumer un fanal, dont la lueur perçant comme un éclair jusqu'au

des distances différentes, je voyais des éminences semblables à celle au sommet de laquelle j'étais assis.

---

mont Œgiplancte au-delà des marais de Goropis, a excité ceux que j'y avais placés, à servir mes desirs : d'un vaste bûcher ils ont fait sortir des tourbillons de flamme qui ont eclairé l'horizon jusqu'au - delà du promontoire élevé du golfe Saronique, et ont été aperçus du mont Arachné. Là, veillaient ceux du poste le plus voisin, qui, par une succession non - interrompue depuis l'Ida, ont fait luire enfin sur le palais des Atrides ce feu désiré. Tels étaient les fanaux que mes ordres avaient fait préparer pour se répondre les uns aux autres du premier au dernier. Ils ont rempli mon attente. Voilà les nouvelles sûres que mon époux m'envoie des rivages troyens ».

On pourrait croire qu'Eschyle a dit une absurdité, en supposant qu'une torche ardente pouvait servir de fanal à des distances aussi considérables que les rivages de Troye et les remparts d'Argos. Mais le télégraphe d'Agamemnon n'est point de l'invention du poëte. La disposition respective de ces différens sommets me

On concevra aisément tout ce qu'un pareil tableau dut réveiller en moi de souvenirs intéressans. Ce fut alors que commencèrent à prendre une grande réalité, dans mon esprit, les conjectures que j'avais depuis long-tems formées sur l'existence de la plaine de Troye.

Pénétré de tout ce qui avait été écrit sur cette plaine célèbre, par les anciens et par les modernes ; guidé par les excellentes descriptions du docteur Pococke, et de son savant compatriote le docteur Chandler, mais rempli surtout d'admiration pour l'exactitude d'Homère, que j'avais eu tant de fois

---

porte à croire qu'ils pourraient encore se communiquer aujourd'hui par les moyens qui furent employés alors. Du tombeau d'Æsietes, j'ai vu le promontoire d'Hermès et le mont Athos ; du port de Scyros, j'ai vu l'Athos et le Messape ; et du port Pirée, j'ai distingué le Cythéron et l'Arachné.

occasion de vérifier dans le continent et les îles de la Grèce, j'arrivais dans la plaine de Troye avec cette instruction préliminaire dont tout voyageur est pourvu quand il entreprend le tableau d'un pays classique.

Cependant il fallait faire un choix dans cette foule d'autorités anciennes et modernes, souvent opposées entre elles, souvent contraires à Homère; il n'y avait qu'un moyen : c'était de comparer Homère avec la nature que j'avais sous les yeux, et de marcher dans la plaine de Troye, l'Iliade à la main. C'est ce que je fis dans ce premier voyage, c'est ce que j'ai fait encore dans ceux qui l'ont suivi.

CHAPITRE IV.

Second voyage dans la Troade. Phénomène singulier produit par l'ombre du mont Athos.

A MON arrivée à Constantinople, lorsque je parlai de la plaine de Troye et de mes conjectures sur la nature des monumens que j'y avais observés, peu s'en fallut qu'on ne me crût l'esprit aliéné. On s'amusa long-tems de ce qu'on appelait mes tombeaux et mon Scamandre ; mais des plaisanteries sans critique ne me firent point perdre courage.

Le peintre Cassas revenait alors de Palmyre avec le riche porte-feuille dont il vient d'exposer les premiers chefs-d'œuvres aux regards du public, et avec une quantité considérable

d'antiquités et de médailles, qu'il rapportait à l'ambassadeur pour enrichir
sa collection. Cet artiste, l'un des
plus distingués de l'Europe dans
son art, n'eut pas plutôt entendu
rappeler l'existence de la plaine de
Troye, qu'il oublia à l'instant les
dangers qu'il venait de courir dans
le désert. Excité par cette insatiable
curiosité qu'il réunit au plus rare
talent, il entretint si souvent l'ambassadeur Choiseul des monumens de
la Troade, que celui-ci se décida à y
envoyer Tondu, astronome, élève de
Méchain et de Cassini. Ce jeune
homme, qu'une mort prématurée a
enlevé aux sciences dans le moment
même où il les servait avec le plus
grand zèle, venait de lever la carte
du nord de l'Archipel, de concert
avec le célèbre pilote Racort, le brave
major Duval, et le capitaine Truguet.
Leur dernier ouvrage avait été la carte
de l'Hellespont. Ils avaient, en le finis-

sant, déterminé la figure de l'île de
Ténédos, et fixé les principaux points
de la côte d'Asie, depuis le golfe Adra
mity jusqu'au canal des Dardanelles.
Ils avaient conséquemment embrassé
dans leur travail la partie de la côte
de Troye, qui s'étend depuis l'entrée
de l'Hellespont jusqu'aux ruines d'A-
lexandrie. Ce cadre de la plaine était
important à tracer, mais il fallait
encore découvrir les monumens qu'il
renferme.

M. Tondu employa très-utilement
pour la géographie, le peu de momens qu'il passa sur le territoire de la
Troade ; mais pressé par le capitaine
Truguet, qui retournait à Lemnos
pour achever la carte du port Saint-
Nicolas, il n'eut que le tems de fixer
à la hâte la position de quelques villages et de quelques autres points remarquables.

Je fus chargé, par l'ambassadeur, de
comparer le travail de ce géomètre

avec les poëmes d'Homère et la géographie de Strabon. J'invoquai pour
cela les secours et l'opinion des hommes éclairés qui composaient l'ambassade. Le résultat d'une conférence
tenue à ce sujet en présence des ingénieurs Lafitte, Monnier, etc. fut que
les points fixés par Tondu pouvaient
bien servir à perfectionner la topo-
graphie de la Troade, mais que la
partie des antiquités exigeait encore
de nouvelles recherches.

L'ambassadeur, convaincu par ces
témoignages, et par lui-même, de la
nécessité d'examiner de nouveau la
plaine de Troye, me chargea de l'entreprendre avec Cassas.

Nous partîmes ensemble de Constantinople le 11 septembre 1786, et
nous arrivâmes le 13 au cap Sigée.

Le moment où nous mîmes pied à
terre fut signalé par un phénomène
dont le détail ne doit pas paraître

étranger au tableau de la plaine de Troye, puisqu'il offrait à ses habitans, dans certaines saisons de l'année, un objet d'observation extrêmement curieux.

On lit dans le septième livre de Strabon, que le mont Athos est d'une forme conique et d'une si grande élévation, que « les habitans du som- « met de cette montagne aperçoi- « vent le soleil, trois heures avant « ceux qui habitent le rivage de la « mer (1) ». Cette peinture du mont Athos contient une exagération dont le plus sage et le plus exact de tous les géographes ne saurait être raisonnablement accusé. Les érudits, pour le justifier, assurent que la dernière partie du septième livre de sa géographie, où il décrivait la Macédoine et la Thrace, a été perdue, et qu'on y

____

(1) Géograph. lib. VII. p. 510. éd. d'Amsterdam.

a suppléé , vers la fin du neuvième siècle , par une compilation dont l'auteur est inconnu (1).

Pline , voulant aussi donner une idée de la hauteur du mont Athos , dit dans le quatrième livre de son histoire naturelle : « que l'ombre de « cette montagne s'étendait , dans « certaines saisons, jusques sur une « statue qui se trouvait au milieu « d'une place à Myrina , ville de l'île « de Lemnos (2) ».

On est tenté d'abord de ranger ces deux assertions sur la même ligne , et de les croire l'une comme l'autre le rêve d'une imagination féconde qui cherche à embellir encore un objet remarquable. Il ne faut cependant pas les confondre : la première est impossible à défendre ; la seconde n'est pas

----

(1) V. Fabricii Bibl. grec. vol. iv. p. 5.
(2) Hist. Nat. lib. iv, cap. xxiii. Chandlers Travels in Asia minor.

à l'abri de toute incertitude , mais elle réunit au moins, comme on va le voir, en sa faveur, tous les caractères de la vraisemblance.

Lorsque nous abordâmes à Koum-Kalé, le premier des châteaux situé sur la côte d'Asie, à l'entrée du canal des Dardanelles, le soleil couchant était sur le point de disparaître derrière le sommet du mont Athos ; la couleur azurée des pics d'Imbros et de Samothrace , semblait prêter un nouvel éclat aux brillans faisceaux de lumière que le soleil lançait à travers le ciel le plus pur.

En jetant les yeux vers l'ouest , nous aperçûmes un cône d'ombre qui prenait son origine au sommet de l'Athos , et dont la base projetée horizontalement semblait raser la surface de la mer et se diriger vers l'île de Lemnos. Après quelques instans, cette ombre s'éleva dans l'atmosphère , se dissipa, et perdit sa forme à mesure que le soleil descendit au-dessous de l'horizon.

Ce phénomène me rappela ce que j'avais autrefois lu dans Strabon et dans Pline ; Cassas en fit un dessin qui sera incessamment publié, avec ceux qu'il a faits dans la Troade.

Je m'étais bien attendu que cette observation, lorsqu'elle serait connue, attirerait l'attention des astronomes. C'est en effet ce qui est arrivé. Le professeur Kastner de Gottingue, a composé sur ce sujet un savant mémoire (1) dont M. Bourkhardt, élève des astronomes la Lande et de Zag, a bien voulu me communiquer l'extrait.

M. Kastner suppose, d'après Ptolomée,

La longitude du mont Athos, 51° 00', et sa latitude 41° 10';

----

(1) Beschreibung des Ebene von Troia, p. 232.

La longitude de Myrina, $52^\circ\ 20'$, et sa latitude $40^\circ\ 56'$.

La distance des deux endroits est donc égale à $1^\circ\ 1'\ 56''$, c'est-à-dire, à $25\ \frac{8055}{10000}$ lieues de France.

D'après ces positions géographiques, il suffit que le mont Athos ait seulement $518\ \frac{8}{15}$ toises de hauteur, pour que son ombre tombe sur Myrina, le 26 avril et le 25 août.

Vossius (1), dans ses notes sur Pomponius-Méla, me paraît avoir estimé assez exactement sa hauteur, en la supposant de 11 stades, c'est-à-dire, de 1040, ou au moins de 836 toises, suivant l'espèce de stade qu'il a pris pour base de ses mesures.

Il n'y a donc rien dans ce qu'on raconte de l'ombre du mont Athos, qui oblige de lui supposer une hauteur démesurée, comme Riccioli, qui lui

____

(1) Vossius, l. II. ch. II.

donne huit mille toises sur les observations, sans doute très-fautives, du
missionnaire Angelus Loredanus (1).

Quant au doute que M. Kastner
paraît élever sur la possibilité d'apercevoir le mont Athos de l'entrée de
l'Hellespont, il n'est aucun matelot,
aucun habitant du cap Sigée, qui ne
puisse le dissiper, et fixer son incertitude à cet égard.

Si le mont Athos faisait partie d'une
chaîne de montagnes continue, il serait difficile de le distinguer à une
grande distance ; mais c'est une
montagne isolée, qui s'élève brus-
quement en forme de pyramide à la
pointe d'une Chersonèse, laquelle se
détache du continent et s'avance fort
au loin entre deux mers. Sa situation et sa hauteur en ont fait, pour

____

(2) Riccioli géograph. reform. lib. VI. cap.
IV. n. IX.

les marins, un point de reconnaissance très-distinct, sur lequel ils se
dirigent, et qu'ils ne perdent jamais
de vue depuis l'îlé d'Eubée jusqu'à
l'Hellespont.

Ce serait maintenant ici le lieu de
rendre le lecteur compagnon de notre
voyage, dans la plaine de Troye, de
le conduire avec nous pas à pas, et de
le faire assister en quelque sorte, successivement à nos découvertes.

Cette marche circonspecte, que je
crus devoir adopter lorsque j'annonçai
pour la première fois les monumens
de la Troade, était dictée par la dé-
fiance de moi-même et la singularité
des monumens que j'annonçais. Ne
pouvant appuyer mes récits par des
témoignages imposans, il n'y avait
point de précautions que je ne dusse
prendre pour échapper à la critique
et convaincre l'incrédulité.

Je serai moins timide aujourd'hui
que l'authenticité de ces monumens,

n'est plus contestée. Fort du suffrage des universités d'Edimbourg et de Gottingue; fort de l'opinion de Dalzel, de Heyne, et d'une foule de voyageurs respectables de différentes nations de l'Europe, je ne craindrai point d'assurer que la plaine de Troye n'a pas changé de face depuis le siècle d'Homère; que les promontoires, les fleuves, les vallées, les collines et les tombeaux des guerriers, se voient encore aux mêmes lieux où ce grand poëte les a placés.

CHAPITRE V.

Description de l'Hellespont.

Lorsque mes remarques sur la plaïne de Troye et sur les ruines d'Alexandrie furent achevées, je résolus, en retournant à Constantinople, d'observer avec soin les rivages de l'Hellespont, et de vérifier la situation des villes anciennes qui les décoraient.

J'attends au pied du cap Sigée le bateau qui doit me porter sur ce canal fameux. Mon cœur est encore agité des impressions qu'il vient d'éprouver; l'ombre des guerriers grecs et troyens me poursuit, et je quitte, à regret la terre célèbre où reposent leurs cendres.

> *. . . Portusque relinquo.*
> *Et campos, ubi Troja fuit* (1).

______

(1) Eneid. lib. III. v. 10.

Le caïque sur lequel je m'embarquai
était conduit par sept rameurs, dont le
chef, vieillard d'une figure vénérable,
naviguait dans l'Hellespont depuis son
enfance. Une foule de tableaux se présentent à mes yeux ; le canal semblable
à un beau fleuve, est en ce moment
couvert de vaisseaux. Ses eaux coulent
majestueusement entre deux chaînes
de hautes collines, qui, sans être par-
tout cultivées, offrent par - tout les
signes de la fertilité ; de nombreux
troupeaux paissent sur le penchant
des deux rives, et les matelots du
vaisseau qui s'enfuit, répondent aux
chants des bergers. Ces images riantes
font bientôt place à des souvenirs dou-
loureux. Je vois l'ombre de l'infortuné
Polydore, errante des rivages de la
Chersonèse, à ceux du Simoïs, pour
y demander les honneurs de la sépul-
ture. Quand la capitale de la Phrygie
fut menacée, Priam craignant de le
voir tomber sous le fer des Grecs,

l'envoya secrètement hors des confins
de la Troade, chez Polymnestor, son
hôte, qui cultivait les plaines fertiles
de la Chersonèse, et tenait sous son
sceptre les Thraces, ce peuple ami
des fiers coursiers. Priam, en confiant
Polydore à ses soins, lui remit en
secret beaucoup d'or, afin que si
les murs d'Ilion venaient à tomber,
il le distribuât à ceux de ses enfans
qui vivraient encore. Polydore était
le dernier des enfans de Priam, et
c'est pour cela qu'il l'éloigna de la
Troade. Il n'était pas en état de
soutenir le poids d'une armure, ni
de porter une lance de son jeune
bras. Aussi long-tems que l'empire
phrygien subsista, et que les remparts
de Troye demeurèrent inébranlables ;
aussi long-tems qu'Hector son frère
put signaler son courage, Polydore
élevé par les soins de son hôte, croissait dans son palais, ainsi qu'un tendre
rejeton : mais dès qu'Hector ne fut

plus, dès que Troye fut détruite, dès que Priam lui-même fut renversé aux pieds des autels qu'il avait élevés de ses propres mains, Polydore fut massacré sans pitié (1).

Il me semble voir ce barbare Polymnestor trahissant l'hospitalité, trempant ses mains perfides dans le sang de l'innocence, et jetant dans l'Hellespont le cadavre du malheureux fils de Priam.

Thucidide, Hérodote et Xénophon me rappellent les batailles sanglantes, et les grandes actions dont l'Hellespont fut autrefois le théâtre. Ici, les Athéniens battirent les Lacédémoniens; là, ils furent battus par eux, et perdirent leur liberté; plus loin, passèrent les armées de Xerxès et d'Alexandre. Je vois l'Hellespont teint

----

(1) *Hecube, tragédie d'Euripide, acte I, scène I.*

à-la-fois du sang des Perses, des Grecs, des Vénitiens et des Musulmans.

Pendant que j'étais occupé de ces tristes pensées, le chef des rameurs laisse échapper, par hasard, le nom d'Eles - Bouroun. Je le questionne avec empressement sur le mot qui sortait de sa bouche. Il m'apprend que l'un des deux promontoires qui forment l'extrémité de la Chersonèse de Thrace, était appelé par les Turcs *Eles-Bouroun* (pointe d'Eles). J'allai aussitôt reconnaître ce cap et chercher les ruines de la ville d'Eleus, qui ne devait pas en être éloignée.

Le petit village et les différens forts qu'on voit à la pointe de la Chersonèse, ont peut-être été construits de ses débris ; le tombeau de Protésilas, qui en était voisin et qui subsiste encore, est le seul monument qui puisse indiquer le lieu qu'elle occupait.

Après avoir examiné le fort bâti par le baron de Tott, à peu de distance du

tombeau de Protésilas, je m'embarquai une seconde fois ; et laissant à
droite sur la côte d'Asie (1), les tombeaux d'Achille et de Patrocle (2), le
château du Sable (3), l'embouchure
du Simoïs (4), le tombeau d'Ajax (5),
le bois d'Hector ou l'Ophrinium (6),
et à gauche sur celle d'Europe, deux
agréables vallons plantés d'arbres et
arrosés de plusieurs ruisseaux, j'arrivai à la pointe des Barbiers (7), où
était autrefois située la ville de Dardanus, remarquable par le traité de
paix entre Sylla et Mithridate, si fameux dans l'histoire romaine. (8).

____

(1) Ieni Cheher.
(2) Dhio Tapé.
(3) Koum-kalé.
(4) Mendéré Sou.
(5) In Tépé Gheulu.
(6) Tchalli déré.
(7) Kepos Bouroun.
(8) Strab. Cas. p. 889.

C'est ici que je commençai à vérifier la nouvelle carte de l'Hellespont. Le travail de nos astronomes, comparé avec la géographie de Strabon que j'avais sous les yeux, me démontra bientôt d'une manière frappante, combien l'estimation des distances était fautive chez les anciens, et combien leurs méthodes étaient éloignées de la précision que nous donnent aujourd'hui nos instrumens.

J'abordai au château des Dardanelles d'Asie, que les Turcs appellent *Soultanié Kalessi.* Qu'on se figure une enceinte de hautes murailles, dont le pied est percé d'embrâsures, à travers lesquelles des canons, dirigés à fleur d'eau, vomissent des boulets de marbre de deux pieds de diamètre ; et l'on aura une idée juste de la principale défense du canal de l'Hellespont.

La petite ville qui avoisine le château, est presqu'entièrement peuplée de juifs, qui, aux avantages d'un grand

commerce, réunissent encore ceux
d'une commission très-lucrative, en
se rendant nécessaires aux vaisseaux
de toutes les nations qui sont forcés
d'y relâcher pour y être visités, et y
montrer leurs firmans.

Derrière la ville, s'étend une vaste
plaine au milieu de laquelle on trouve
un teké, ou couvent de Derviches,
entouré de vignes et de jardins délicieux. Ces solitaires donnent au pays
qui les avoisine, l'exemple de l'hospitalité la plus affectueuse. Ils offrent
leurs plus beaux fruits et leurs cel-
lules au voyageur fatigué, et lui font
admirer de la meilleure foi du monde,
un cercueil de quarante pieds où
sont renfermées les reliques du géant
qui les a fondés.

Le torrent qui traverse cette plaine
et baigne les murs de Soultanié
Kalessi, est indubitablement le Rhodius, qui, suivant Strabon, coulait
entre Dardanus et Abydos. C'est après

le Simoïs, le plus grand des fleuves qui se jettent dans l'Hellespont. En examinant l'irrégularité de son lit, les monceaux de cailloux qu'il charrie et les brèches qu'il fait à chaque instant à la digue élevée près du château pour en retarder la destruction, l'on n'est pas surpris que Neptune ait réuni ses eaux avec celles du Simoïs et des autres fleuves qui descendent de l'Ida, pour renverser le retranchement des Grecs.

Strabon dit que le *Cynoséma*, ou tombeau d'Hécube, était en face de l'embouchure du Rhodius sur la rive opposée de l'Hellespont. Ce monument occupait sans doute le lieu où se trouve aujourd'hui le château d'Europe, que les Turcs appellent *Kelidil-Bahar*, le cadenas de la mer, comme Euripide appelait autrefois le Bosphore, *la clef du Pont.*

. Au-dessus de Soultanié Kalessi, j'aperçus plusieurs vaisseaux à l'abri d'une pointe qui s'avance dans le canal, et qui semble en fermer l'entrée du côté de la mer de Marmara: les Turcs l'appellent *Nagara-Bouroun.* On voit encore sur ce rivage, quelques ruines qui doivent être les restes d'Abydos, puisque la distance qui se trouve dans la nouvelle carte entre la pointe des Barbiers et Nagara, est précisément celle qui a été fixée par Strabon, entre Dardanus et Abydos.

La côte d'Europe, au-delà de Kelidil - Bahar, forme trois anses contiguës.

Au fond de la première, se trouve le village de Mayto, peuplé de Grecs, et bâti sur les ruines de l'ancienne Madytos. C'est-là que les Athéniens remportèrent sur les Lacédémoniens une victoire signalée, à la suite de laquelle ils érigèrent un trophée sur le Cynosêma.

La seconde, que les anciens appelaient *Koilos* à cause de sa profondeur, porte encore aujourd'hui le nom très-peu défiguré de *Koilia*, que les habitans prononcent *Kilia*.

La troisième de ces anses, que les Turcs appellent *Ak-Bachi-Liman* (hâvre de la tête blanche), est l'ancien port de Sestos. Les débris de construction qu'on voit sur la montagne voisine, sont les ruines du fort de *Zéménic*, la première place dont les Turcs s'emparèrent en passant d'Asie en Europe, en 1356, commandés par le sultan Orcan.

Les Turcs qui habitent les rivages de l'Hellespont, montrent encore avec une sorte d'orgueil, certains rochers situés à une lieue au-dessus d'*Ak-Bachi-Liman*, et qu'ils appellent *Gazi-ler-Iskelessi*, le port des vainqueurs, où leurs intrépides aïeux abordèrent avant d'attaquer le fort de *Zéménic*.

C'est entre Sestos et Abydos, dit Strabon, que Xerxès jeta un pont de bateaux pour faire passer son armée.

L'une des extrémités de ce pont était au-dessus d'Abydos vers la Propontide, et l'autre au-dessous de Sestos vers la mer Egée.

La description qu'Hérodote nous en a laissée, a fait jusqu'ici le désespoir des interprêtes et des commentateurs de ce père de l'histoire.

La traduction française de Duryer dans cet endroit, est infidèle, tronquée et inintelligible. Stanley n'a sûrement pas entendu le texte qu'il ne traduit pas, puisque tel qu'il le cite, dépourvu des additions et des corrections que la nouvelle édition de Vesseling nous présente, d'après la confrontation de plusieurs manuscrits, il n'est pas possible dans plusieurs endroits d'en tirer un sens raisonnable. Les notes de Valcknaer et des autres n'éclaircissent presque rien. Enfin, l'explication du père Pétau, dans ses notes sur la dixième harangue de Thémistius, après avoir jeté du jour sur quelques endroits, en laisse plusieurs autres dans l'obscurité. Le modeste et savant Dutheil a donné la traduction de ce passage redoutable, après avoir fait quelques remarques préliminaires. Il n'ose se flatter, dit-il, d'avoir totalement levé des difficultés qui ont été insurmontables à plusieurs hommes habiles; et comme ce n'est pas une dissertation qu'il offre au public, il n'emploie aucun argument pour soutenir sa version. Il la soumet entièrement au jugement des lecteurs qui voudront la confronter avec le texte.

Il y eut deux ponts d'établis; Hérodote le dit clairement, l. 7, n° 55, p. 334 : l'un plus près du Pont-Euxin, sur lequel passèrent toutes les troupes, tant cavalerie qu'infanterie ; l'autre plus près de la mer Egée, sur lequel passèrent les bagages et les bêtes de somme.

Ce qui formait le premier plancher de ces ponts, c'étaient de gros cordages

tendus de l'une à l'autre rive. Hérodote le dit aussi en propres termes,
l. 7, n.º 24, p. 522. Ces cordages
étaient de deux sortes. Les uns étaient
faits avec du lin et du chanvre ; les
autres étaient faits avec du biblos ou
papyrus, plante qui croissait princi-
palement en Egypte , dont on peut
voir la description et les différens
usages aux pages 428 et suivantes du
commentaire de Stapel , sur le chapitre ix du quatrième livre de Théophraste, sur les plantes.

Hérodote appelle ici le Pont-Euxin
ce qui devrait s'appeler la Propontide :
car en sortant du Pont-Euxin, on entre
d'abord dans le Bosphore de Thrace ;
de celui-ci , dans la Propontide , et
enfin dans le détroit de l'Hellespont.

Le détroit de l'Hellespont n'est point
droit du nord au midi ; mais son extrémité septentrionale est vers le nord-
est, et son extrémité méridionale vers
le sud-ouest, à tel point, qu'en côtoyant

le rivage de Sestos on marchait vers l'orient (Hérodote , l. 7, n.° 58 , p. 537) : ce qui toutefois ne doit certainement s'entendre que nord‑est. De plus , l'extrémité septentrionale est plus exposée aux vents du nord et de l'est, qu'aux vents de sud et d'ouest : et réciproquement l'extrémité méridionale est plus exposée aux vents de sud et d'ouest qu'aux vents de nord et d'est. Pourquoi Hérodote ne le dit‑il pas? c'est sûrement à cause de la disposition des terres ; mais il est clair qu'il suppose cette exposition à ces différens vents , puisqu'il dit qu'on affermit par des ancres les navires du pont le plus septentrional , contre les vents de nord et d'est , et ceux du pont méridional , contre les vents de sud et d'ouest.

Les eaux dans toute la longueur du détroit, n'ont pas le même fil, et ne coulent point droit entre les deux rivages. Dans la partie septentrio-

nale , elles se portent obliquement
contre le rivage d'Europe : c'est une
direction qu'elles conservent depuis
le Palus-Méotides , au travers de tout
le Pont-Euxin , du Bosphore et de la
Propontide. Dans la partie méridionale , elles reprennent le fil ordinaire
entre les deux rivages : le père Pétau
prouve cette vérité par des passages
de Procope et de Polybe. De là vient
que les navires des ponts, quoique
je les suppose placés dans la même
direction, et parallélement entre eux,
quant à chaque pont, se trouvaient
obliques quant au fil de l'eau du Pont-
Euxin, et droits quant au fil de l'eau
de l'Hellespont.

Quoique Hérodote ne le dise pas précisément, il est à présumer qu'ils se
servirent des trirèmes seuls pour un
pont , et des vaisseaux à cinquante
rames pour l'autre. De là vient que
pour l'un il fallait trois cent soixante
navires , tandis qu'il n'en fallait que

trois cent quatorze pour l'autre. Les trirèmes auxquels le dernier nombre paraît devoir se rapporter, étant vraisemblablement plus larges que les navires à cinquante rames.

Si l'on admet ces hypothèses, je crois qu'il ne restera plus aucune difficulté dans la description d'Hérodote, dont voici la traduction littérale. Je demande grace pour le stile en faveur de l'exactitude, puisque ce n'est que pour l'intelligence du texte que je l'ai entreprise (1).

« Tandis que Xerxès était arrêté à Sardes, on établissait sur l'Hellespont des ponts pour joindre l'Europe à l'Asie. Il y a dans la presqu'île de l'Hellespont, entre les villes de Sestos et de Madyte, un rivage assez difficile qui s'étend vis-à-vis de celui où est situé Abydos. . . . . Ce sont ces deux

____

(1) Hérodote, l. 7, n.º 32, p. 525.

rivages, que ceux qui en avaient reçu l'ordre entreprirent de joindre par deux ponts. L'un fut fait avec des cordages de lin, et fut construit par les Phéniciens. L'autre, fait avec des cordages de biblos, fut l'ouvrage des Égyptiens. La largeur du détroit est de sept stades. Lorsque ces ponts furent établis, il survint une violente tempête qui détruisit et fracassa tout. A cette nouvelle, Xerxès irrité, ordonna qu'on donnât trois cents coups de fouet à l'Hellespont, et qu'on jetât dans cette mer deux grosses chaînes. J'ai même ouï-dire qu'il envoya des bourreaux comme pour stigmatiser l'Hellespont, avec des fers ardens. Ceux qui étaient chargés de flageller la mer, devaient en même temps lui adresser ces paroles dignes de l'orgueil et de l'insolence d'un barbare : Onde amère, ton maître te punit ainsi, parce que, sans qu'il t'en eût donné sujet, tu t'es comportée injustement à son égard ; mais Xerxès, ton roi , saura bien te traverser, soit que tu le veuilles ou non. C'est avec raison que nul d'entre les matelots ne t'offre des sacrifices , puisque tu n'as d'autre mérite que d'être inconstante et salée. Ce fut ainsi qu'il ordonna qu'on punît la mer. Il voulut aussi qu'on coupât la tête aux entrepreneurs des ponts. Ceux qu'il envoya chargés de ce triste ministère obéirent. Cependant d'autres architectes firent construire d'autres ponts , et voici comme ils s'y prirent. Ils attachèrent ensemble des vaisseaux à cinquante rames et des trirèmes ; trois cent soixante (sous - entendu , *des uns*) pour le pont qui regardait le Pont-Euxin , et trois cent quatorze (sous-entendu , *des autres*) pour l'autre pont. Ces navires furent disposés obliquement quant au fil de l'eau du Pont-Euxin ; droit, quant au fil de l'eau de l'Hellespont , afin qu'il donnât plus de tension aux cordages. Après qu'ils les eurent attachés ensemble, ils jetèrent de fortes ancres pour les affermir ; ceux du pont qui regardait le Pont-Euxin, contre les vents de l'intérieur (sous-entendu, *de la Propontide*, c'est-à-dire, *les vents de nord et d'est*); ceux du pont qui regardait le couchant et la mer Egée, contre les vents de sud et d'ouest. Ils eurent soin de laisser entre les vaisseaux à cinquante rames, et dans trois endroits différens un espace tel qu'on pût, quand on voudrait, aller et venir de l'une à l'autre mer dans des barques légères (1). Quand cela fut fait,

---

(1) Je crois que dans cet endroit du texte, au lieu de dire *x̌ Τριχυ*, *et tribus in locis*, *et dans trois endroits différens*, il faudrait lire *x̌ Τριηρεων*, *et triremium*, *et entre les trirèmes*, afin qu'il fût clair qu'à chaque pont que je suppose composé, l'un entièrement de vaisseaux à cinquante rames, l'autre de trirèmes, on avait

des deux rivages avec des cabestans , ils tendirent les cordages sur ces na- virés , et ne se servirent pas, comme on avait fait la première fois , d'une seule espèce de cordages pour chaque pont ; mais ils étendirent sur chacun deux cordages de lin et quatre de biblos. La grosseur et l'apprêt extérieur de ces cordages, étaient semblables ; mais, comme il est tout simple , ceux de lin étaient plus lourds ; la brasse en pesait un talent (vraisemblablement 25 livres). Les fondemens des ponts une fois établis, ils scièrent des ma- driers égaux, et les arrangèrent avec

---

laissé un passage pour les petites barques ; au lieu que les mots du texte semblent ne parler précisément que de trois passages pratiqués au pont composé de vaisseaux à cinquante rames, sans dire qu'il y en avait aussi à l'autre. Toute- fois dans cette correction, on peut et on doit supposer qu'Hérodote a omis de parler de l'autre pont, parce que cela va sans dire.

art, par-dessus les cordages tendus ; les placèrent successivement les uns auprès des autres, et les attachèrent. Ensuite ils apportèrent par-dessus des espèces de fascines, sur lesquelles ils répandirent de la terre, dont ils comblèrent et couvrirent également toute la superficie. Enfin, ils pratiquèrent de chaque côté des gardes-fous, afin que les chevaux et les bêtes de somme ne fussent point effrayés lorsqu'ils verraient la mer au-dessous d'eux. »

La manière dont Strabon décrit la route que les navigateurs devaient tenir pour passer de Sestos à Abydos, confirme la position de ces deux anciens ports, et fixe en même temps avec beaucoup de vraisemblance, la situation de la tour de Héro.

« Ceux qui passent, dit-il, de Sestos
« à Abydos, ne doivent pas suivre la
« ligne droite ; ils doivent se détour-
« ner un peu en avançant jusqu'à la

« tour de Héro , et de là s'abandonner
« au courant, qui leur est alors fa-
« vorable ».

La courageuse entreprise de Léandre ,
qui a donné lieu au charmant poëme
de Musée , et fourni depuis plusieurs
siècles un aliment à la verve des au-
teurs d'héroïdes , n'a rien de prodigieux ni d'incroyable pour les habitans des Dardanelles. Ils ont vu dans
ces derniers temps un jeune juif, traverser au même endroit le canal , pour
obtenir la main d'une jeune fille de
sa nation, qui la lui avait offerte à ce
prix.

Strabon a fixé à trente stades la largeur du canal entre Sestos et Abydos. Si
c'est le stade olympique , c'est-à dire ,
celui de 76 toises dont il entend faire
usage, il est d'accord avec la nouvelle
carte : si au contraire c'est le stade
grec, c'est-à-dire, celui de 92 toises ,
qu'il a employé, il commet une erreur,
en plus, de 535 toises.

Après avoir vérifié la situation de Sestos et d'Abydos, nous nous empressâmes de profiter d'un vent favorable pour achever nos courses dans la partie la plus large du canal. Les piadets élégans et légers dont les Turcs se servent pour le parcourir, ne sont guères propres à résister aux vagues de la Propontide, dont l'impétuosité augmente par les vents du nord, et qui semblent s'irriter contre la barrière que leur oppose l'étroite entrée du canal de l'Hellespont. Les marins les plus intrépides tremblent en y entrant; des accidens sans nombre justifient leurs inquiétudes.

Je laissai à droite, sur la côte d'Asie, les fleuves Percote et Practius, que les Turcs connaissent aujourd'hui sous le nom de *Bourgas-Sou* et de *Moussa-Keu-Sou*; à gauche, sur celle d'Europe, la fameuse rivière de la Chèvre, Ægos-Potamos (Kara ova Sou), où se donna cette bataille décisive qui mit fin à la guerre du Peloponèse.

Dans Lampsaki je reconnus l'ancienne Lampsaque ; et j'admirai ses fertiles côteaux, qui sont encore aujourd'hui couverts de vignes, comme ils l'étaient lorsque Xerxès en fit présent à Thémistocle.

Gallipoli me rappelle Calli-Polis. La situation de cette place est si avantageuse, que tous les princes qui ont voulu s'emparer de la Thrace, ont commencé par s'en rendre maîtres.

Justinien y avait fait construire d'immenses magasins de vivres et de munitions, pour l'entretien de la garnison et pour celui des troupes qui devaient garder le pays : c'est encore là que les flottes turques, destinées pour l'Archipel, vont faire leurs provisions de biscuits et de poudre à canon.

Il ne me restait plus qu'un pas à

faire pour avoir parcouru tout l'Hellespont.

Je jetai un coup-d'œil rapide sur
l'embouchure du Pæsus, que les Turcs
appellent aujourd'hui *Beiram-Deré*,
et qui arrosait autrefois cette ville
dont les habitans, conduits par Adraste
et Amphius, allèrent au secours des
Troyens. J'aperçus des ruines aux endroits où Strabon place les villes de
Parium et de Priapus, et j'arrivai enfin
sur cet isthme qui réunit la Chersonèse
de Thrace avec le continent. Son nom
actuel d'Examili, est, comme on le
voit, très-analogue à celui d'Hexa-
milia qu'il portait autrefois. Sa largeur,
déterminée géométriquement dans la
nouvelle carte, diffère extrêmement
peu de celle de quarante stades que
Strabon lui donne. On y comptait
autrefois trois villes remarquables :
Cardia, située sur le golfe Melas, aujourd'hui le golfe de Saros ; Pactié,
sur le rivage de la Propontide ; et

Lysimachia, bâtie entre les deux autres par Lysimaque, l'un des successeurs d'Alexandre.

Certains historiens prétendent qu'Alexandre fit embarquer son armée à Pactié, et qu'elle alla aborder à Priapus (aujourd'hui Karaboa); d'autres assurent qu'il ordonna à Parménion, de faire passer sa cavalerie et une partie de son infanterie, de Sestos à Abydos, sur cent soixante galères. Peut-être passa-t-il le canal sur deux colonnes: ce qu'il y a de certain, c'est que la plaine du Granique où il donna la première bataille en Asie, et où il défit les Perses, est plus voisine de Priapus que d'Abydos.

CHAPITRE VI.

Nouvelles découvertes faites dans la Troade, pendant le voyage de Moldavie.

QUAND nous revînmes à Constantinople, la vue de notre carte soigneusement dessinée, sur laquelle on distinguait les monumens et les fleuves de la plaine de Troye, avec leurs noms anciens et modernes, commença à diminuer le nombre des incrédules. L'internonce impérial, le baron d'Herberg, le comte Ludolf, ministre de Naples, le chevalier Zuliani, le capitaine d'artillerie, depuis général Saint-Remy, le baron de Heidestam, ministre de Suède, le baron d'Edem, ambassadeur de Hollande, notre secrétaire d'ambassade Le Hoc; enfin des hommes éclairés de différentes nations, qui étaient alors à Constantinople, rendirent justice à ces premiers travaux, et s'empressèrent de les faire connaître en Europe.

L'ambassadeur Choiseul se décida alors à s'assurer par lui-même de la vérité des faits : il se transporta dans la Troade, accompagné des capitaines Truguet, Demarest et du drogman Deval. Je leur servis de guide ; et ils revinrent tous convaincus de l'authenticité de ces monumens, qu'euxmêmes avaient si long-tems regardés comme fabuleux. C'est dans ce second voyage, et parmi les ruïnes du temple d'Apollon Thymbréen, que fut découverte une partie des inscriptions, qu'on verra à la fin de cet ouvrage.

Les Grecs lettrés de Constantinople, qui sont plus nombreux qu'on ne le croit parmi nous, n'apprirent pas sans un grand intérêt, qu'on avait ressuscité les cendres de leurs guerriers. Ce peuple spirituel, fatigué de la tyrannie, cherche avec avidité des consolations dans les souvenirs de son ancienne grandeur. Le prince Callimachi, alors drogman de la Porte, manifesta, sur-tout, un extrême empressement de connaître ce qui avait été découvert dans la plaine de Troye; et il conçut pour moi une telle affection, que l'ambassadeur crut pouvoir la tourner à l'avantage de la politique, et la mettre à profit pour faire réussir l'intéressant projet qu'il avait alors, d'obtenir, pour la France, la navigation de la mer Noire, projet que la politique anglaise et russe ne tarda pas à faire échouer.

J'habitai pendant trois mois la maison de ce prince, au milieu des dangers de la peste. Je revins ensuite à Pera mettre la dernière main à la carte (1)

____

(1) Voyage de la Propontide et du Pont-Euxin, avec la carte générale de Constantinople, etc. 2 vol. in-8°.

générale de Constantinople, ancienne et moderne, que j'ai levée dans l'espace de six mois avec l'ingénieur Kauffer.

A cette époque, la Porte venait de nommer un hospodar de Moldavie pour succéder à Mauro Cordato : l'ambassadeur Choiseul jugea utile de me placer auprès de ce prince, en qualité de secrétaire des commandemens.

A peine étais-je arrivé en Moldavie, que la guerre éclata entre la Russie et la Porte.

Quand on se rappelle que les Turcs, dans ces circonstances, ont, comme l'observe Montesquieu, coutume de ravager eux-mêmes leurs propres frontières, afin de mettre un désert entre eux et leurs ennemis ; quand on se rappelle que les malheureux Moldaves, alors exposés à la barbarie des Turcs, et à celle de leurs voisins, les Tartares de Bessarabie, soupirent après l'entrée de leurs ennemis pour être délivrés de leurs propres défenseurs, on s'imagine aisément les dangers que j'ai dû courir dans ces lieux, en ma qualité d'*infidèle*.

Dès le commencement des hostilités, j'aurais pu quitter ce poste dangereux, dont les fonctions se trouvaient anéanties par la guerre, et auquel je n'étais d'ailleurs attaché par aucun rapport direct avec le gouvernement français ; mais j'avais alors, dans la forteresse d'Oczakof, de braves compatriotes et de bons amis auxquels ma présence auprès de l'hospodar n'était pas inutile.

Les ingénieurs Delafitte et Dabancourt, accompagnés du drogman Myran, et de quelques canonniers et bombardiers français, étaient occupés à fortifier cette clef de l'empire ottoman. Après qu'ils l'eurent mise en état de défense, et qu'ils eurent même fait un attaque vigoureuse contre le fort de Kilbourn, la cour de Russie se plaignit hautement de ce que la France fournissait des ingénieurs à ses ennemis, au moment où elle venait de conclure un traité de commerce avec elle. Leur rappel fut ordonné : j'attendis leur départ de Moldavie pour en sortir moi-même; et je conserve précieusement les témoignages de reconnaissance qu'ils m'en ont donnés l'un et l'autre. . . . . .

Pendant ce tems-là, l'ambassadeur occupé, à Constantinople, des grands intérêts de la politique et de la guerre, ne négligeait pas néanmoins ceux de l'antiquité.

« J'ai reçu, m'écrivait-il, les ob-
« servations que vous m'envoyez sur
« la Troade. Celle des mouvemens de
« Mercure, relativement à la position
« de Callicoloné, est entièrement con-
« forme à ce que j'en avais pensé. Il
« me semblait que je vous avais même
« lu ce que je dis à cette occasion :
« je l'ai mieux rendu depuis, et je

« crois que vous en serez content.

« Quant aux sources du Scamandre,
« je suis encore plus de votre avis de-
« puis le voyage de Kauffer, qui a
« compté quarante sources, et qui a
« trouvé dans ces mêmes lieux un
« bocage charmant, et cinq à six mille
« toises en fleurs, mais qui, lorsque
« nous y fûmes, étaient trop dépouil-
« lées pour être remarquées.

« Je ne puis vous dissimuler quel-
« ques vérités à propos de ce voyage
« de Kauffer. Il a été nécessité par les
« réclamations de M. l'ambassadeur
« de Venise, qui, dans beaucoup d'en-
« droits de votre carte, avait noté des
« erreurs, dont plusieurs avaient été
« aussi observées par M. Daguesseau.
« Kauffer a levé un plan particulier de
« l'emplacement de l'ancienne Troye;
« il a même nivelé toutes les pentes.
« Nous ne pouvons que nous ap-
« plaudir de ce travail, puisqu'il rend
« la besogne plus parfaite. Au reste,

« l'ingénieur Foucherot (1) me mande
« aujourd'hui , que Barbier, succes-
« seur de Danville , revient sur ses
« objections , et avec la bonne foi
« d'un habile homme , convient qu'il
« s'était trompé, et que c'est nous qui
« avions raison. Il doit m'écrire une
« longue lettre par le premier courrier.

« Le tombeau d'Achille , à moitié
« ouvert , a pensé écraser les Turcs
« et le pauvre Salomon Gormezano ;
« mais ils en sont quittes pour quel-
« ques contusions ; et un nouvel en-
« voi de piastres leur a rendu cou-
« rage. . . . . L'urne d'Achille, ses os,
« ses cendres , tout cela est trouvé :
« au premier vent du sud, Salomon
« arrivera avec ces précieuses reliques.

« L'aga de Bounar-Bachi me promet
« de faire ouvrir les tombeaux troyens,
« de me livrer les deux pierres de

____

(1) Associé correspondant de l'Institut national, ingénieur en chef des ponts-et-chaussées, et
célèbre par ses travaux et ses voyages en Grèce.

« Sigée, et qui plus est, de m'indiquer
« un souterrein où il a trouvé autre-
« fois des figures, et qu'il a fait re-
« fermer soigneusement.

« Je ne saurais douter que votre
« prince ou les ministres de la Porte ne
« retiennent vos lettres, puisqu'elles
« ne me sont remises qu'à un mois de
« date. C'est un inconvénient qu'il
« est impossible d'éviter, et dont il
« serait même inutile de se plaindre.

« J'ai envoyé à MM. Delafitte et
« Dabancourt, avec les firmans néces-
« saires, l'ordre formel de sortir d'Oc-
« zakof. J'espère qu'ils auront pu
« l'exécuter avant que la place ait été
« investie. Je vous prie, s'ils arrivent
« à Yassi, de leur faire donner toutes
« les facilités et sûretés nécessaires
« pour continuer leur route : vous
« leur fournirez aussi tout l'argent
« dont ils auront besoin.

« Je sens combien votre position
« est désagréable ; elle peut le devenir

« davantage ; mais je crois vous avoir
« déjà mandé que le prince Ypsilanti
« fera bien de ne pas attendre les
« troupes russes à Yassi, et qu'il y
« aurait des inconvéniens pour lui à
« se laisser prendre... »

Par les détails contenus dans cette lettre de l'ambassadeur Choiseul, on voit qu'après mon départ de Constantinople, l'ingénieur Kauffer avait rectifié quelques erreurs de notre carte, qu'il l'avait enrichie de nivellemens, et que le juif Gormezano avait fouillé le tombeau que j'avais désigné comme celui d'Achille. Au chapitre qui traite de ce monument remarquable, je parlerai des objets qui y furent trouvés, et que le peintre Fauvel (1) a restaurés avec autant d'adresse que de goût.

______

(1) Associé correspondant de l'Institut national, fixé à Athènes.